Selbstbewusstsein stärken
Positives denken lernen
Glücklich sein

Mentale Stärke aufbauen für mehr
Selbstvertrauen, Selbstwert &
Selbstliebe
Positiv werden, innere Stärken
stärken & Glück finden Buch

Inhaltsverzeichnis

Selbstbewusstsei n stärken

Selbstbewusstsein und Selbstwert: wichtige Bausteine der Persönlichkeitsentwicklung

Immer wieder begegnet man Menschen, die mit ihrer ausgeprägten Persönlichkeit überzeugen. Sie haben sich für eine innere Einstellung entschieden und eine Denkweise manifestiert, um sich vollends zu entfalten. Ihr Leben orientiert sich an Grundhaltungen, die sie zu dem Menschen machen, den sie darstellen.

Sie sind selbstbewusst. Bei ihnen gibt es keine Verschlossenheit, keine Feindseligkeit und kein klassisches Schubladendenken. Für das persönliche Wachstum ist Aufgeschlossenheit sehr wichtig, da man offen für neue Denkansätze ist und damit den verschiedenen Situationen im Leben gegenübertritt. Faire Chancen, anstatt Vorurteile prägen ihre Handlungen und Entscheidungen.

Eine weitere Grundhaltung, die diese Menschen verinnerlicht haben, ist Eigenverantwortung, weil sie wissen, dass sie selbst für ihr Leben verantwortlich sind. Sie denken selbst und überlassen dieses nicht dem Staat, der Gesellschaft, dem Umfeld, den Eltern oder dem Lebenspartner. Das Ruder ist fest in ihrer Hand und sie bestimmen, wohin das Schiff fährt.

Es wird sich eine eigene Meinung gebildet und nicht alles sofort geglaubt, was ihnen erzählt wird. Sie haben das Wissen darüber, was ihnen guttut und sind in der Lage Dinge zu verwerfen, die nicht funktionieren.

Da die Welt extrem dynamisch ist und immer wieder Veränderungen bereithält, ergibt sich nur eine Sache, die konstant bleibt. Es ist die Veränderung! Selbstbewusste Persönlichkeiten haben das erkannt und haben sich von veralteten Denkweisen verabschiedet. Sie haben sich der Dynamik angepasst und verschließen sich nicht vor der Welt und den neuen Seiten, die sie an sich selbst entdecken.

Sie orientieren sich an Zielen und nicht an Problemen, weil sie Situationen aus verschiedenen Blickwinkeln betrachten und damit eine Zielperspektive entwickeln. Ihnen ist klar, dass es für alles eine Lösung gibt.

Für ihre persönliche Entwicklung, die niemals aufhört, geben sie sich Zeit, weil sie wissen, dass Selbstvertrauen, Selbstwert und Selbstbewusstsein nicht über Nacht plötzlich da ist. Mit Ausdauer formen sie ihre Persönlichkeit, legen Gewohnheiten ab und ersetzen diese durch neue. Fehler gibt es für sie nicht, sondern nur Ereignisse, die sie als Feedback nutzen. Es sind für sie wertvolle Lektionen, die sie dazu animieren, um es beim nächsten Anlauf besser zu machen.

Entwicklung bedeutet für sie hinfallen, aufstehen und weiter machen. Trotz vieler Steine, die ihnen im Weg liegen, wissen sie genau, dass die beste Investition, die sie tätigen können, in sie selbst ist. Mehr Selbstbewusstsein, Selbstwert und Selbstvertrauen können Sie auch erlangen.

Jeder Mensch hat nämlich eine Persönlichkeit, nur gestaltet sich die Ausprägung sehr unterschiedlich. Genau da lässt sich der Hebel ansetzen, um die Haltung zu sich selbst zu verbessern. Setzen Sie auf Ihre Stärken, akzeptieren Sie Grenzen, verbessern Sie Ihr Selbstbewusstsein, steigern Sie Ihr Selbstvertrauen und Ihren Selbstwert, um als starke Persönlichkeit wahrgenommen zu werden.

Selbstbewusstsein und Selbstwert – die Kunst der Selbstannahme und Eigenliebe

Mit Selbstbewusstsein und Selbstwert erlangen Sie Selbstvertrauen. Wer sich nach diesen drei Begriffen einmal im Internet umschaut, stößt auf folgende Bedeutungen:

- **Selbstbewusstsein** wird als selbst bejahende, überzeugte Haltung gegenüber sich selbst und den eigenen Fähigkeiten beschrieben.
- **Selbstwert** wird als das Gefühl für den Wert der eigenen Person definiert.
- **Selbstvertrauen** ist das Vertrauen in die eigene Kraft und die Fähigkeiten.

Diese grobe Umschreibung lässt sich aber noch verfeinern, da es nicht nur ausführlichere Definitionen zu den Begriffen gibt, sondern auch Forschungen und Annahmen.

Selbstbewusstsein

Dieser Begriff kommt in der Philosophie, Psychologie, Soziologie und den Geschichtswissenschaften zum Einsatz und ist mit mehreren Bedeutungsebenen ausgestattet. Einerseits beschreibt der Begriff das kollektive Gruppenbewusstsein und zum andern steht er im Bezug zum „Selbstbewusstsein des Individuums". Das Selbstbewusstsein ist für innere Denkvorgänge verantwortlich und führt zum Erkennen der eigenen Persönlichkeit. Sie stellen sich dabei die Fragen wer und was Sie sind. Aus dem angestoßenen Denkprozess ergeben sich die Antworten. Genauso gibt es passive Denkanstöße, die von außen kommen und durch anders denkende Menschen hervorgerufen werden. Damit haben Sie die Möglichkeit, die eigene Person zu erkennen und zu definieren. Die Denkanstöße von außen sind für die Entwicklung des Selbstwertgefühls wichtig. Selbstbewusstsein umfasst aber auch Vertrauen, Gewissheit, Sicherheit und Zuversicht. Im englischen gibt es dafür die Begriffe „self-confidence" oder „self-assurence".

confidence = Zuversicht, Vertrauen
assurance = Vertrauen, Gewissheit, Sicherheit

Menschen mit einem starken Selbstbewusstsein sind mit diesen Dingen in hohem Maß ausgestattet. Sie begegnen ihrer Zukunft relativ optimistisch, sorglos, unbekümmert und ohne Angst, weil sie mit einem gut entwickelten Selbstvertrauen ausgestattet sind. Daher ist eigentlich klar, dass Selbstbewusstsein im Allgemeinen als „überzeugt sein von den eigenen Fähigkeiten" und „dem Wert der eigenen Person" so definiert wird. Solche Persönlichkeiten haben ein besonders selbstsicheres Auftreten. Selbstbewusstsein wird umgangssprachlich als positives Wertgefühl dargestellt und bezieht sich auf eine Person oder eine Gruppe von Menschen, deren soziale Werte im Zusammenhang stehen. Demnach wird für Selbstbewusstsein oftmals das Synonym „Selbstwert" verwendet.

Grundsätzlich bezieht sich Selbstbewusstsein aber auf eine wertende Umgebung, die Ihnen anerkennend oder nicht anerkennend begegnet. Anerkennend bedeutet dabei nicht anderes, als den geltenden Wertvorstellungen zu entsprechen.

Wer sich seiner selbst bewusst ist, hat mehr oder weniger ein kritisches Selbstwertgefühl, welches er durch das Erwerben von gewünschten Eigenschaften wie Selbstbestimmung und Eigenverantwortlichkeit weiter ausbaut. Ein ausgeprägtes Selbstbewusstsein haben auch Menschen, die als Persönlichkeit einer angepassten Gruppe entgegentreten.

Selbstwert

Zitat: „Ein Mensch – das trifft man gar nicht selten – der selbst nichts gilt, lässt auch nichts anderes gelten."

Eugen Roth

Selbstwert ist die eigene Wertigkeit bzw. emotionale Einschätzung, die sich ein Mensch beimisst. Daher werden für Selbstwertgefühl synonyme Begriffe wie Selbstsicherheit, Selbstvertrauen und Selbstbewusstsein verwendet.

Das Ergebnis des Selbstwertgefühls ist subjektiv und lässt sich anhand der „Selbstwertskala von Morris Rosenberg" messen. Lange wurde dem Selbstwert in der Psychologie und anderen Humanwissenschaften kein großer Stellenwert beigemessen. Grundsätzlich ist aber der Selbstwert das Fundament für Glück und Erfolg.

Heute finden Sie Selbsthilfegruppen und Psychotechniken, die den Selbstwert steigern und festigen sollen. Es gibt Untersuchungen, die belegen, dass Sie bis zu einem Alter von 60 Jahren das Selbstwertgefühl steigern können. Anschließend soll es wieder abnehmen.

Menschen mit einem ausgeprägten Selbstwert fühlen sich in ihrer Haut wohl und sind in der Lage, Ruhe in sich selbst zu finden. Sie wissen, dass sie unabhängig von ihren Leistungen und Fähigkeiten gut sind. Selbstwert beschreibt zudem die Individualität, weil es immer eine Wahlmöglichkeit gibt.

In früheren Gesellschaften wurde der Wert eines Menschen bei der Geburt festgelegt. Es wurde nicht über den Selbstwert nachgedacht. Unsere moderne, von Werten geprägte Gesellschaft fordert zum Umdenken auf, sodass die alten Werte ins Wanken geraten. Durch die Konfrontation mit sich selbst und anderen Mitgliedern der Gesellschaft ergibt sich das Gefühl, sich immer wieder angleichen zu müssen.

Ein stabiles Selbstwertgefühl ist das Resultat dessen, dass Sie endlich damit anfangen, Selbstverantwortung zu übernehmen und deutlich achtsamer gegenüber sich selbst sind. Pflegen Sie einen netten Umgang mit sich selbst und beeinflussen Sie Ihre Gefühle.

Eigenliebe

In der Persönlichkeitsentwicklung spielt Eigenliebe, auch Selbstliebe genannt, eine ganz wichtige Rolle. Dem Begriff wurde und wird heute immer noch ein negativer Inhalt zugeordnet und mit Egoismus sowie Narzissmus gleichgesetzt. Stimmt diese Aussage wirklich? In der Bibel findet sich die Idealvorstellung von Eigenliebe. Denn dort steht geschrieben: *„Liebe Deinen Nächsten wie Dich selbst."*

Dieser Satz bedeutet nichts anderes, dass Eigenliebe die Nächstenliebe mit einschließt. In der modernen Psychologie wird davon ausgegangen, dass psychische Probleme und Verhaltensauffälligkeiten verschwinden, wenn die Person lernt, sich selbst zu lieben. Daraus resultiert die Annahme, dass leidende Menschen sich selbst erst lieben lernen müssen.

Die Grundlage des Lebens beruht auf der Liebe und führt zu einem zufriedenen, glücklichen Leben. Sie umfasst auch die Eigenliebe und die Eigenakzeptanz.

Durch die Erziehung fehlt es leider vielen Menschen daran, weil immer wieder darauf hingewiesen wird, dass Eigenliebe eine schlechte Eigenschaft ist, die nur Schwierigkeiten bereitet.

Menschen, die sich selbst lieben, nehmen sich so an, wie sie sind und passen nicht mehr in die ihnen zugedachte Rolle. Wer es allen recht machen möchte und seine Persönlichkeit in den Hintergrund stellt, wird kein zufriedenes Leben führen, da diese Menschen nicht im Einklang mit sich selbst sind. Sie fühlen sich zu dumm, zu dick, zu hässlich. Doch wie soll das funktionieren, indem Sie jemand anderen klasse finden und diesen Menschen lieben, wenn Sie sich selbst nicht akzeptieren und keine Liebe für sich selbst empfinden?

Die Fähigkeit zur Eigenliebe ist erlernbar, indem Sie Ihre Stärken großartig finden und sich selbst die eigenen Schwächen verzeihen. Blauäugigkeit und Illusionismus habe dabei nichts zu suchen. Menschen ohne Selbstzweifel gibt es leider viel zu viele. Betrachten Sie sich ruhig selbstkritisch und vergessen Sie dabei nicht, Ihre Stärken zu lieben und Schwächen zu verzeihen. Es gibt Menschen in Ihrem Umfeld, die Sie lieben, genauso wie Sie sind.

Mit diesem Bewusstsein stärken Sie Ihre Persönlichkeit, erlangen einen höheren Selbstwert und stärken Ihr Selbstbewusstsein. Sie denken nicht mehr darüber nach, etwas falsch zu machen, sondern genießen diese Freizügigkeit, die Sie sich selbst damit einräumen und erleben das unbeschreibliche Gefühl, so angenommen zu werden, wie Sie wirklich sind.

Die Verbindung zwischen Selbstbewusstsein und Selbstwert

In den ersten Lebensjahren wird durch Gene und Erfahrungen die Grundlage für die Persönlichkeit geschaffen. Sie bestimmt die Haltung, die ein Mensch gegenüber sich selbst entwickelt. Selbstwertgefühl ist auch später noch zu verbessern, wenn Sie vorhandene Grenzen akzeptieren und auf Ihre Stärken bauen.

Die menschliche Psyche stellt mit Selbstbewusstsein eine Eigenschaft bereit, die Reaktionen, Haltung, Mimik und Gestik prägen. Gleichzeitig haben selbstbewusste Menschen ein anderes Empfinden für Freude, das wiederum das Selbstbewusstsein stärkt. Es stellt sich größere Neugier, größeres Interesse und Offenheit für neue Erfahrungen ein, sodass sich Freude, Harmonie und Glück vergrößert und sich ein Weg in ein zufriedenes Leben ergibt. Ein schwaches Selbstbewusstsein stellt sich in Mutlosigkeit und Antriebslosigkeit dar. Denn es wird sich jegliche Kompetenz abgesprochen. Zudem fühlen Sie sich unattraktiv und würden sich am liebsten verstecken.

Es wird versucht, Herausforderungen zu vermeiden. Es entsteht ein Schamgefühl, das zu einer weiteren Abwertung der Persönlichkeit führt. Schnell stellt sich der Gedanke der Sinnlosigkeit ein, den Sie auf Ihr Leben projizieren. Folgen eines mangelnden Selbstbewusstseins können psychische Erkrankungen wie Depressionen und Essstörungen sein. Der Grundstein für die Persönlichkeitsentwicklung wird bereits im zarten Alter von 5 Jahren gelegt und bestimmt im Wesentlichen, in welche Richtung die Entwicklung erfolgt.

Forscher haben herausgefunden, dass die durchschnittliche Stärke des Selbstbewusstseins zu 50 Prozent genetisch bedingt ist. Sie bezeichnen dabei das Selbstbewusstsein als Selbstwertgefühl. Daher ist klar, dass sich schon sehr früh entscheidet, wie das Selbstwertgefühl aussieht. Einfluss darauf haben das Elternhaus, die Schule und der Freundeskreis. Die Entwicklung der kindlichen Persönlichkeit ist im Alter von rund 20 Jahren soweit ausgebildet. Definiert ist dabei der Rahmen des Bildes, das Sie selbst von sich haben. Innerhalb dieser Grenzen können sich aber auch Veränderungen einstellen.

Sie werden durch äußere Umstände beeinflusst und stehen in engem Zusammenhang mit Bestätigung, die Sie in Ihrem jeweiligen Umfeld bekommen. Aus diesen Grenzen ausbrechen gelingt nur schwerlich, es sei denn, professionelle Hilfe unterstützt Sie dabei, die persönliche Struktur zu verändern und über den Tellerrand zu schauen.

Bindung zu einer Bezugsperson – wichtige Grundlage für ein ausgeprägtes Selbstbewusstsein

Direkt nach der Geburt eines Kindes beginnt die Ausprägung des Selbstbewusstseins. Doch erst im Alter von 2 Jahren entsteht scheinbar die Empfindung für einen positiven Selbstwert. Es zeigt sich, dass Kinder zu diesem Zeitpunkt Freude für ihre Erfolge empfinden. Das schlechte Selbstwertgefühl stellt sich erst rund ein halbes Jahr später ein.

Eine wichtige Komponente für den Selbstwert ist Selbstvertrauen. Kleine Babys müssen darauf vertrauen können, dass Eltern ihre Bedürfnisse verstehen und befriedigen, gerade weil sie diese noch nicht mit Worten zum Ausdruck bringen können. Das Vertrauen wird zuerst auf die Eltern und später auf sich selbst übertragen. Dahinter steckt eine einzigartige Erkenntnis.

„Wenn ich anderen Menschen vertrauen kann, kann ich auch mir selbst vertrauen!"

Sie führt letztendlich dazu, das „Selbst-Vertrauen" entwickelt wird.

Für die Ausprägung des Selbstbewusstseins ist die Bindung an eine Bezugsperson sehr wichtig. Dementsprechend sollte der Umgang mit Stimmungen wie Wut, Angst, Freude und Trauer immer angemessen ausfallen. Wichtig sind, das Annehmen und die Art, wie damit umgegangen wird.

Haben Sie frühzeitig eine sichere Bindung zu einer Bezugsperson gehabt, waren Sie bereits im Kindergarten in der Lage, ausdauernder, fantasievoller, fröhlicher, interessierter zu sein und konnten Konflikte lösen? Für den Umgang mit Emotionen sind im Alter von 5 Jahren bereits entscheidende Muster vorhanden.

Die Wissenschaft hat herausgefunden, dass die Reife des Gehirns eines 5-Jährigen zu 90 Prozent dem eines Erwachsenen entspricht. Wurde bis zu diesem Zeitpunkt ein gutes Selbstbewusstsein aufgebaut, sind beste Voraussetzungen für ein glückliches Leben geschaffen.

Die Wissenschaft hat bisher keinen festen Platz im Gehirn für das Selbstbewusstsein gefunden. Daher kann davon ausgegangen werden, dass viele Bereiche dafür verantwortlich sind.

Neurowissenschaftler gehen dementsprechend davon aus, dass es nicht nur ein „ICH", sondern acht „ICHs" gibt. Der Bremer Hirnforscher Gerhard Roth definiert sie folgendermaßen:

- **Körper-Ich:** Damit stellt sich das Gefühl ein, dass Sie in dem Körper stecken, der wirklich Ihr Körper ist
- **Verortungs-Ich:** Es stellt das Bewusstsein bereit, dass Sie sich am richtigen Ort befinden, den Sie sich selbst zugedacht haben
- **perspektivische Ich:** Es sorgt dafür, dass Sie in Ihrer Welt der Mittelpunkt sind und dieses auch so erleben
- **Kontroll-Ich:** Sie haben Einfluss auf Ihre Gedanken und Handlungen und gelten damit als Verursacher und Herrscher gleichermaßen
- **Erlebnis-Ich:** Zeigt Ihnen, dass Sie Ihre Gefühle, Ideen, Wahrnehmungen leben empfinden und nicht diese, die durch andere beeinflusst sind
- **selbstreflexive Ich:** bietet Ihnen die Möglichkeit, über sich selbst nachzudenken
- das **ethische Ich** ist Ihr Gewissen. Es sagt Ihnen, was sie tun oder lassen sollten
- das **autobiografische Ich** ist die Überzeugung, dass Sie heute derselbe sind, der Sie gestern waren. Damit erleben Sie eine Kontinuität Ihrer eigenen Gefühle

In der Gehirnforschung lassen sich diese Bewusstseins- und Ich-Zustände differenzieren. Denn bei einer Erkrankung des Gehirns oder einer Hirnverletzung können sich getrennt voneinander Beeinträchtigungen ergeben. Das Gesamtpaket der Ichs ergibt die Grundlage dafür, dass Sie sich selbst und die Beziehung zu Ihrem Umfeld wahrnehmen können.

Damit bilden sie die Basis für das Selbstbewusstsein, wo die verschiedenen Glieder engmaschig miteinander verbunden sind. Nur so kann in Ihr Bewusstsein Ihr Selbstbild eindringen. Das daraus resultierende Selbstwertgefühl besteht aus mehreren Dimensionen und kann über unterschiedlich gelagerte Ausprägungen verfügen. Eine wichtige Rolle für das Selbstbewusstsein ist Dopamin. Dieser Botenstoff regt die grauen Zellen des Gehirns an und sorgt dafür, dass durch die Ausschüttung eine bessere Verarbeitung von Informationen erfolgt. Gleichzeitig wird die Neugier geweckt und die Fantasie angeregt.

Wenn nur chemische Substanzen nötig sind, um das Selbstbewusstsein zu stärken, wäre es doch sehr einfach, durch beispielsweise Amphetamine die Ausschüttung zu erhöhen und das Selbstbewusstsein zu steigern.

Auch wenn chemische Substanzen Gefühle und Handlungen beeinflussen, hat die Psyche des Menschen ein geeignetes Chemielabor. Glücklicher und selbstbewusster werden Sie auf Dauer durch das Experimentieren mit Tabletten und anderen Substanzen nicht. Das herbeigeführte Hochgefühl und Selbstbewusstsein sind beim Nachlassen der Wirkung schnell wieder verschwunden und hat keine wirkliche Substanz. Die frühkindliche Prägung der Persönlichkeit und Ihre Gene sind nicht einfach veränderbar. Das gestaltet sich auch als äußerst sinnvoll, weil Sie dafür geschaffen sind, in einem kompakten Gebilde zu überleben. Darum gibt es einen stabilen Kern, der Ihr „selbst" darstellt und nicht manipulierbar ist. Aus eigenem Willen heraus werden Sie nicht zu einem neuen Menschen. Doch mit der vorhandenen Substanz können Sie lernen zufriedener und glücklicher zu werden. Ihr Selbstwertgefühl steht in dauerndem Kontakt mit Ihrer Umgebung und pendelt sich regelmäßig neu aus. Dieses hilft Ihnen, Dinge zu verändern und sogar zu verbessern.

Kommunikation mit anderen ist ein Bereich, wo Sie
Bestätigung und soziale Geborgenheit in Ihrem Umfeld
finden. Wer einen freundlichen Umgang pflegt und ein
zuverlässiger Partner ist, bekommt ein positives
Feedback, welches ein gutes Selbstwertgefühl
hervorruft. Pflegen Sie daher Beziehungen und sehen Sie
diese als wichtige Investition.

Persönlichkeitsentwicklung – 4 Stufen

Die Entwicklung der Persönlichkeit, die Verbesserung des Selbstbewusstseins und Selbstwertes bedeuten nicht nur unterschiedliche Dinge, sondern stellen sich auch für jeden Menschen auf unterschiedlich Weise dar. Es gibt die emotionale Freiheit und die Selbstverwirklichung einerseits, sowie momentan gestaltetes Leben andererseits.

Die menschliche Entwicklung lässt sich bedenkenlos in mehrere Stufen unterteilen. Dabei hat jeder Bereich seinen ganz eigenen Charakter. Dieses beschreibt auch David R. Hawkins in seinem Buch „Power vs. Force", in dem er das Bewusstsein eines Menschen in 17 Stufen gliedert. Es wird beschrieben, wie sich diese Stufen gestalten. In den ersten Stufen stellt sich der Mensch eher unterentwickelt dar. Ganz oben, auf der 17. Stufe angelangt, erwartet ihn die Offenbarung. Hawkins sagt aber auch ganz deutlich, dass es Menschen gibt, die sich nicht weiterentwickeln und das ganze Leben auf einer Stufe verharren.

Es wird nicht geschafft, nur einen Schritt vorwärts zu machen, um eine höhere Stufe zu erlangen. Dafür gibt es folgende Gründe, die sich in 4 Stufen einteilen lassen:

1. Stufe – keine Persönlichkeitsentwicklung

Solche Menschen entwickeln ihre Persönlichkeit nicht weiter und versuchen auch nicht, mehr Selbstbewusstsein und Selbstwert zu erlangen. Es ist dafür gar kein Interesse vorhanden. Sie haben die Denkweise, dass Persönlichkeitsentwicklung nur psychisch kranke oder labile Menschen brauchen, um sich weiterzuentwickeln.

„Normale" Menschen geben nicht gerne zu, dass ihre Persönlichkeit wenig Stabilität besitzt. Damit bauen sie aber eine Barriere auf und verhindern, ihre Glaubenssätze, Werte und Gedanken zu überdenken. Diese Personen werden es niemals schaffen, eine weitere Stufe in der Persönlichkeitsentwicklung zu meistern und mehr Selbstbewusstsein sowie Selbstwert aufzubauen.

Ein solches Verhalten ist durchaus in Ordnung, weil es ihr individuell gewählter Lebensweg ist. Leider wird nicht gesehen, welche Potenziale sie damit verlieren.

Sie bleiben immer in der gleichen sozialen Konditionierung und laufen nur im Kreis. Dahinter steckt aber keineswegs Dummheit.

Selbst bei erfolgreichen, klugen Menschen finden Sie die Denkweise, dass Persönlichkeitsentwicklung nicht nötig ist. Für sie ist dieser Begriff viel zu abstrakt und undurchsichtig. Ihre Denkweise ist darauf konditioniert, dass sie sich vor Augen führen, was sie noch erledigen müssen, bis alles besser und einfacher wird. Dabei wird leicht übersehen, dass eine solche Denkweise absoluter Selbstbetrug ist. Sie können sich noch so in Ihrem Hamsterrad abstrampeln und Runde für Runde drehen. Von alleine wird sich nichts ändern, auch wenn es im ersten Moment augenscheinlich so aussieht.

Erst wenn das Fass zum Überlaufen gebracht wurde, begreifen solche Menschen, dass sich nur etwas ändert, wenn sie selbst etwas ändern. Veränderungen der Umwelt sind das Ergebnis, wenn ein Mensch das Selbstbewusstsein, den Selbstwert, das Selbstvertrauen und damit die Persönlichkeit weiterentwickelt. Wer das erkennt, kann mehr aus sich machen, aus sich herausholen und erkennt, welches Potenzial in ihm steckt.

Diese Erkenntnis ist wie eine Offenbarung und bringt die Person ein ganzes Stück weiter. Es wird die 2. Stufe der Persönlichkeitsentwicklung erreicht.

2. Stufe –passive Persönlichkeitsentwicklung

Auf dieser Stufe wird die Erkenntnis erlangt und damit gestartet, Interesse für das eigene Selbstbewusstsein und den Selbstwert zu entwickeln. Vielleicht wird sogar zu Büchern gegriffen, die das Thema Persönlichkeit, Entwicklung, Selbstbewusstsein, Selbstvertrauen und Selbstwert behandeln.

Lesen und Wissen erlangen und sich mit der eigenen Persönlichkeitsentwicklung zu befassen ist niemals falsch. Doch leider fehlt es am aktiv werden. Darum trägt die zweite Entwicklungsstufe der Persönlichkeit auch die Bezeichnung passive Persönlichkeitsentwicklung. Es gibt nur zahlreiche Informationen, die den Wissensschatz erweitern. Von aktivem Arbeiten an sich selbst sind diese Menschen noch weit entfernt.

Sie geben sich der Hoffnung hin, dass sich bald alles zum Positiven ändert, weil ja der erste Schritt mit neuem, erweitertem Wissen getan wurde. Entwicklung von mehr Selbstwert und mehr Selbstbewusstsein funktioniert so leider nicht.

Erst, wenn diese Menschen begreifen, dass sich nur etwas verändert, wenn sie aktiv werden, wird sich eine Veränderung einstellen. Ab und zu sind solche Personen auch motiviert. Diese ersten Gehversuche gehören trotzdem zur passiven Persönlichkeitsentwicklung. Diese Stufe ist aber das Sprungbrett dafür, endlich aktiv zu werden und mehr Selbstbewusstsein sowie Selbstwert zu erlangen. Mit diesem Sprungbrett gelingt es Ihnen, die 3. Stufe, die aktive Persönlichkeitsentwicklung zu erreichen.

3. Stufe – aktive Persönlichkeitsentwicklung

Jetzt werden Menschen endlich aktiv. Sie verlassen ihre Komfortzone und beginnen Selbstbewusstsein aufzubauen, den Selbstwert zu steigern, Selbstvertrauen und emotionale Stärke zu erlangen sowie glücklich zu werden. Um alle diese Dinge zu erreichen, ist Disziplin sehr wichtig. Diese eigenständige Gewohnheit ist der Schlüssel für mehr Selbstwert, mehr Selbstbewusstsein und die Persönlichkeitsentwicklung.

Damit haben Sie den Startpunkt erreicht, Ihr Wissen und die vielen Informationen zu nutzen. Aktive Persönlichkeitsentwicklung gestaltet sich sehr schwierig, weil Sie Motivation benötigen, um das Selbstbewusstsein und den Selbstwert zu stärken. Es kostet Kraft und viel Energie an sich selbst zu arbeiten, da Sie alte, destruktive Gewohnheiten gegen neue positive Gewohnheiten tauschen müssen. Wurde dieser Prozess abgeschlossen, haben Sie die vierte Stufe der Persönlichkeitsentwicklung erreicht.

4. Stufe – Bewegung

Auf der 4. Stufe der Persönlichkeitsentwicklung haben Sie den Punkt erreicht, wo alles in Bewegung kommt und sich Eigendynamik einstellt. Der Kampf, den Sie auf den ersten drei Stufen durchlebt haben, wendet sich zum Positiven und bereitet Ihnen sogar Freude.

Denn Sie haben die Erkenntnis und das Wissen erlangt, dass Sie für Ihr eigenes Selbstbewusstsein, Selbstvertrauen, den Selbstwert und die Persönlichkeit verantwortlich sind. Aufgrund Ihrer Disziplin sind Sie in der Lage, mit Leichtigkeit neue Gewohnheiten anzunehmen. Dabei decken sich die Anforderungen mit Ihren eigenen Fähigkeiten und Stärken. Sie erleben ein tolles Glücksgefühl und spüren innere Zufriedenheit.

Alles ist in Bewegung und im Fluss, wenn es Ihnen gelungen ist, die mentalen, spirituellen, emotionalen und psychischen Herausforderungen zu meistern. Auf einmal ergeben sich Zufälle in Ihrem Leben, in denen Sie sich automatisch richtig entscheiden. Genauso treffen Sie im richtigen Moment auf Menschen, die genau zu Ihnen passen. Alles läuft einfach synchron!

Erschaffen Sie sich neu und schreiben Sie Ihre eigene Geschichte

Die eigene Persönlichkeit wird durch Selbstbewusstsein und Selbstwert untermauert. Sie hat aber viele weitere Facetten und sorgt dafür, dass Sie sich täglich verbessern, innere Stärke gewinnen, Stabilität erlangen und auch flexibel werden.

Dabei stehen folgende Punkte im Vordergrund, die sehr eng mit Selbstbewusstsein und Selbstwert verbunden sind. Durch die Entwicklung Ihrer Persönlichkeit wollen Sie:

1. stärker und stabiler werden

2. Schwierigkeiten besser meistern

3. unabhängiger werden und dabei freundlich sein

4. offener werden, ohne anderen Angriffsfläche zu bieten

5. eine kontinuierliche Weiterentwicklung und neue Kenntnisse erlangen

6. besser Probleme, Ärger und Stress bewältigen

7. Ihre Kräfte sinnvoll und effektiv nutzen

Die Liste gestaltet sich lang und sieht nach verdammt viel Arbeit aus. Doch Sie brauchen jetzt keinen Rückzieher zu machen, weil Sie Schritt für Schritt Veränderungen herbeiführen, um mehr Selbstbewusstsein zu erlangen, Ihren Selbstwert zu erkennen und Ihre Persönlichkeit weiterzuentwickeln.

Stabilität und Stärke fördert das Selbstbewusstsein

Neben dem, was Sie bereits in den Genen haben, lässt sich Ihr Selbstbewusstsein zusätzlich stärken. Überlegen Sie einmal, wie stabil Ihre Grundlage bei verbalen Angriffen, Stress, Beleidigungen und Ärger ist. Wenn Sie an dieser Stelle einmal genauer hinhören, stellen Sie schnell fest, dass Sie vielleicht gar nicht so gut damit umgehen können und sehr empfindlich reagieren. Gerade solche Situationen zeigen Ihnen, dass Ihr Selbstbewusstsein, Ihr Selbstwert und das Selbstvertrauen nur Fassade ist. Die negativen Gefühle haben Sie innerlich komplett im Griff.

Um diese zu verändern, helfen positive Gedanken und die Erkenntnis, dass selbst negative Dinge auch eine positive Seite haben und Sie in Ihrer Persönlichkeitsentwicklung weiterbringen. Um widerstandsfähiger zu werden, lohnen sich unterschiedliche Entspannungsmethoden, genauso wie Meditation. Dabei gehen Sie in sich, sprechen mit sich selbst und lokalisieren, was sie ärgert, auf die Palme bringt und wie diese Dinge Ihr Leben beeinflussen.

Schwierigkeiten besser meistern

Wichtig ist, dass Sie Verdrängungsstrategien vermeiden, wenn Sie Schwierigkeiten besser meistern möchten. Damit lernen Sie, besser mit Schwierigkeiten umzugehen sowie Stress und Ängste zu bewältigen. Nutzen Sie die direkte Konfrontation, um eine gestärkte Persönlichkeitshaltung aufzubauen und damit Ihr Selbstbewusstsein zu stärken.

Unterschätzen Sie dabei nicht die Wirkung, die Sport und Yoga haben können. Denn in einem starken Körper steckt auch ein starker Geist. Indem Sie an Stärke zulegen, werden Sie unabhängig von der Meinung anderer und erlangen mentale Stärke, die eng mit der Persönlichkeitsentwicklung verbunden ist.

Unabhängiger werden und dabei freundlich sein

Freunde sind gleichzeitig auch große Feinde, wenn es darum geht, sich zu verändern, Selbstbewusstsein aufzubauen und die Persönlichkeit weiterzuentwickeln. Sie verbringen nämlich nicht nur die schönsten Momente mit Ihnen, sondern Sie sind auch gleichzeitig ihrem Einfluss ausgesetzt.

Täglich machen Sie Dinge, nur um anderen zu gefallen und stellen dabei Ihre eigenen Wünsche, Ziele, Absichten und Träume auf das Abstellgleis. Im Extremfall kann Manipulation sogar ungeahnte Dimensionen annehmen, wenn diese dazu genutzt wird, um Sie kleinzuhalten. Freunde stellen vielfach ein Hemmnis bei der Entwicklung des Selbstbewusstseins, mentaler Stärke, Selbstvertrauen und Selbstwert dar, auch wenn es nicht immer offensichtlich ist. Für dieses Problem gibt es aber eine einfache Lösung.

Lernen Sie Grenzen zu ziehen und das kleine Wort „Nein" in Ihrem Sprachgebrauch öfter zu verwenden. Zeigen Sie Ihrem Umfeld durch klare Kommunikation Ihre Regeln und Ziele auf.

Damit erreichen Sie, dass Ihr Umfeld Sie ernst nimmt. Freunde, die Ihren Schritt ernst nehmen, werden Sie motivieren. Diejenigen, die Ihre Ziele nicht verstehen, haben in Ihrem Umfeld nichts zu suchen und werden sich von ganz alleine distanzieren.

Offener werden, ohne anderen Angriffsfläche zu bieten

Die Art der Kommunikation, die Sie führen, bedeutet nicht nur Offenheit, sondern bietet anderen Angriffsfläche, um Sie daran zu hindern, selbstbewusster zu werden und mehr Selbstvertrauen aufzubauen. Offenheit und Vertrauen stehen dabei eng nebeneinander und sorgen neben einzigartigen Erlebnissen auch für Verletzbarkeit und Enttäuschung.

Um sich gegen solche Angriffe zur Wehr zu setzen, ist es lohnenswert, die Anfeindungen und Angriffe positiv zu werten. Damit stärken Sie nicht nur Ihr Selbstbewusstsein, sondern finden heraus, welche Menschen hinter Ihnen stehen und dabei behilflich sind, dass Sie Ihrem Ziel ein Stück näher kommen. Dadurch erlangen Sie Stabilität, machen ganz neue Erfahrungen und nehmen negative Dinge deutlich leichter.

Kontinuierliche Weiterentwicklung und neue Kenntnisse erlangen

Die Offenheit und damit verbundenen Erlebnisse lassen sich deutlich verstärken, wenn Sie mehr Wissen aufbauen, neue Fähigkeiten erlernen und stärken. Persönlichkeit, Selbstbewusstsein und Selbstwert entwickeln sich parallel mit dem Wissen darum, dass Sie bestimmte Dinge sehr gut machen.

Es muss dabei keine große Sache sein, die jeder mitbekommt. Auch die kleinen Dinge gehören zur kontinuierlichen Weiterentwicklung. Es gibt niemanden auf der Welt, der alles weiß und alles kann. Das brauchen Sie von sich selbst auch nicht zu erwarten. Ihre Persönlichkeit macht die unvollkommene Vollkommenheit aus. Seien Sie sich dessen immer bewusst.

Öffnen Sie sich für neues Wissen und entwickeln Sie ein Gefühl für Ihre Erfahrungen. Dadurch erleben Sie Situationen auf eine neue Art und Weise, die Ihren Horizont erweitern. Da Weiterentwicklung aber mit Veränderungen verbunden ist, wird sich schon bald der innere Schweinehund als starker Gegner aufstellen.

Doch eigentlich ist er gar nicht so stark, wie er sich aufspielt und lässt sich recht einfach in seine Schranken weisen.

Ein kleines Beispiel:

Stellen Sie sich einfach vor, dass Ihre Willenskraft ein Muskel ist, der durch hartes Training wächst. Sie starten mit einfachen Übungen wie beispielsweise 10 Menschen am Tag lächelnd gegenüberzutreten. Nutzen Sie Erfolge in kleinen Dingen als Motivator, um an schwere Dinge heranzugehen und über sich hinauszuwachsen. Die Willenskraft ist schließlich ein so starker Muskel, der Sie dazu bewegt, alles anzupacken, was Sie sich vorgenommen haben. Ihre ganz persönliche Entscheidung ist dafür zuständig, ob Sie der Mensch sein können, der Sie immer sein wollen.

Besser Probleme, Ärger und Stress bewältigen

Beim Bewältigen von Stress, Ärger und Problemen werden Sie auf Hindernisse stoßen. Nicht nur Sie merken die Veränderung. Anderen bleibt sie auch nicht verborgen, sodass ganz automatisch Reibungspunkte und Spannungen auftauchen. Sie können sich zwar aus der Schusslinie herausnehmen. Doch der richtige Ansatz für die Bewältigung von Problemen ist das nicht. Im Streit neigen Menschen dazu, den gegenüber zu beschuldigen. Dabei passiert es auch, dass andere Umstände für die eigene Situation verantwortlich gemacht werden. Damit geben Sie die Verantwortung ab und begeben sich in ein Hamsterrad.

Als absolute Krönung von mehr Selbstwert und mehr Selbstbewusstsein ergibt sich aus der Erkenntnis, selbst verantwortlich für das eigene Leben zu sein. Wenn Sie dieses erreicht haben, ist Ihnen klar, dass:

- Sie selbst die Probleme geschaffen haben
- Ihre eigene Einstellung mitunter suboptimal ist
- nachdenken über kritische Situationen lohnenswert ist

Damit umgehen Sie zwar keine Probleme, haben aber das Wissen darüber, dass es für jedes Problem eine Lösung gibt, die Sie vielleicht sogar schon kennen.

Ihre Kräfte sinnvoll und effektiv nutzen

Indem Sie Situationen nicht mehr als Problem oder Hindernis betrachten, geschieht etwas ganz Besonderes. Sie entwickelt unglaubliche Kräfte, die Sie ganz bewusst dafür nutzen können, um wieder ein Stück weit vorwärts zu gehen. Sie haben das Selbstbewusstsein, den Chef für Ihre Leistungen nach einer Gehaltserhöhung zu fragen oder das Selbstvertrauen, das andere Geschlecht anzusprechen.

Werden Sie sich Ihrer Stärken und Fähigkeiten, genauso wie Ihren Schwächen bewusst. Damit lässt sich hervorragend an mehr Selbstvertrauen, mehr Selbstbewusstsein, mehr Selbstwert und einer stärkeren Persönlichkeit arbeiten. Primär sind es sicherlich die Erfolge, die Sie weiter antreiben. Doch das oberste Ziel ist Ihre Persönlichkeit, die Sie mit jeder Faser Ihres Körpers leben.

Mentale Stärke trainieren und emotional gefestigt werden

Emotionale Stärke bekommt der Mensch nicht in die Wiege gelegt, sondern erlangt er durch die Persönlichkeitsentwicklung. Daher ist sie trainierbar und lässt sich auch weiter ausbauen. Dieses gelingt Ihnen, indem Sie sich ganz bewusst Unbequemlichkeiten und unangenehmen Situationen aussetzen.

Das mag vielleicht absurd klingen, weil Sie damit Ihre geliebte Komfortzone verlassen müssen. Es ergibt aber durchaus einen Sinn, wenn Sie mehr Selbstbewusstsein erlangen möchten. Mentale Stärke bedeutet, dass Sie eine andere Sichtweise erlangen und aus einem anderen Blickwinkel heraus die Welt betrachten. Dieses wird als Antifragilität bezeichnet.

Nassim Taleb hat sich ausgiebig damit beschäftigt und festgestellt, dass Antifragilität ein Ausgangspunkt der Evolution und Natur ist. Dieses können Sie in seinem gleichnamigen Buch nachlesen. Dementsprechend gestaltet es sich mit fragilen Dingen so, dass sie Druck nicht standhalten.

Antifragile Dinge wiederum gewinnen, wenn sie Dynamik und Veränderlichkeit ausgesetzt werden. Im Spektrum Ihrer Gedanken verstehen Sie leicht, was Fragilität bedeutet. Doch wenn Sie den Versuch starten, über das Gegenteil nachzudenken und sich dieses vorzustellen, stoßen Sie auf Unverständnis. Für den Begriff Veränderlichkeit finden Sie nicht direkt eine Umschreibung.

Im Vergleich mit einem Gegenstand könnte die Bezeichnung „stabil" lauten. Diese Antwort ist aber nicht ganz richtig, auch wenn ein stabiler Gegenstand eine grobe Behandlung besser übersteht als ein fragiles Bild. Dementsprechend stellt es sich nicht als Antithese dar. Es erfolgt keine Bereicherung durch die negativen Umstände. Die Bereicherung bzw. der veränderte Blickwinkel auf die Welt entsteht durch eine grobe Behandlung. Denn Sie verschicken ein Paket mit zerbrechlicher Ware mit der Aufschrift „Bitte grob behandeln". Die Definition fällt auch deshalb so schwer, weil die unterschiedlichen Sprachen kein passendes Wort dafür haben. Daher wird für Veränderungen, die aus Veränderlichkeit und Dynamik entstehen, die Bezeichnung antifragil verwendet.

Ein kleines Beispiel:

Sie kennen aus der griechischen Mythologie Hydra, die vielköpfige Schlange. Wurde ihr mit einem Schwerthieb ein Kopf entfernt, wuchsen an genau dieser Stelle zwei neue Köpfe nach. Jede Verletzung, die die Hydra erlitten hat, war für sie ein Profit und damit antifragil.

Ähnlich gestaltet es sich mit den Widerstandskräften des Menschen. Denn jede Situation, die Ihnen kurzfristig den Boden unter den Füßen wegreißt und Sie verletzt führt dazu, dass Sie Ihre mentale und emotionale Stärke weiter ausbauen. Nachdem Sie sich kurzzeitig Ihre Wunden geleckt haben, kehren Sie genauso wie der Phönix aus der Asche deutlich stärker ins Leben zurück. Dementsprechend liegt es in der Natur der Dinge, dass zuerst etwas passieren muss, das Ihre Sichtweise in den Grundmauern erschüttert, bevor Sie in der Lage sind, eine neue Sichtweise auf Ihre Person und die Umwelt zu erlangen.

Für mentale Stärke
Unbequemlichkeiten bewusst wählen

Es gibt viele verschiedene Beispiele, wo sich Menschen Unbequemlichkeiten aussetzen, um mentale Stärke zu trainieren. Dazu gehören beispielsweise die Einzelkämpfer bei der Bundeswehr oder die amerikanische Eliteeinheit, die Navy-Seals. Sie üben ihre Einsätze unter sehr schwierigen Bedingungen, um in Extremsituationen im Ernstfall optimal agieren zu können. Sie überwinden Angst und bauen damit mentale Stärke auf.

Ein wichtiger Leitspruch lautet daher: *„Verliere Deine Angst davor, abgelehnt zu werden und baue mentale Stärke auf."*

Der Satz hört sich gut an. Letztendlich bedeutet er, dass Sie Ihre Angst überwinden, indem Sie sich der Konfrontation mit Ihrer Angst auf Ablehnung in der Realität stellen. Doch wie bewerkstelligen Sie das? Verlassen Sie Ihre Komfortzone. Damit erreichen sie, dass Sie über sich hinauswachsen.

Kraft aus der Ruhe schöpfen

Haben Sie schon einmal etwas über stoische Ruhe gehört? Über sogenannte Stoiker gibt es eine Vielzahl von Annahmen wie beispielsweise, dass sie sich einem Leben ohne Emotionen hingeben. Doch glauben Sie nicht alles, was im Bezug auf Stoizismus zu hören und zu lesen ist. Stoische Ruhe bieten Ihnen Techniken, die Sie sehr wirksam zu einem erfüllten Leben führen. Wer sich dazu entscheidet, stoische Prinzipien ins Leben mit aufzunehmen, spürt eine unbeschreibliche Dankbarkeit und sieht viele Dinge nicht mehr als Selbstverständlichkeit an. Damit gelingt es Ihnen, Ihre Komfortzone zu erweitern und gleichzeitig dem eigenen Leben mit Dankbarkeit gegenüberzutreten.

Die stoische Lehre mag vielleicht für manche wie eine gewisse Art von Masochismus klingen. Eigentlich ist es aber genau das Gegenteil. Denn es geht nicht darum, sich selbst zu bestrafen, sondern um mehr Dankbarkeit und Lebensfreude zu empfinden. Der Stoiker schätzt sogar ein gewisses Maß an Unbequemlichkeit, weil er das Wissen darum hat, dass er daran wächst und mentale Stärke gewinnt.

Wer also lernt, sich kleinen Unbequemlichkeiten hinzugeben, erlangt das Selbstbewusstsein, welches er braucht, um sich größeren Herausforderungen zu stellen. Damit erlangen Sie mentale Stärke, um Ihre Persönlichkeit weiterzuentwickeln.

Unbequemlichkeiten stellen viele Vorteile bereit. Denn im Ernstfall ergibt sich eine hohe Toleranz gegenüber Unannehmlichkeiten, die Ihnen durch Ihr starkes Selbstbewusstsein bereitgestellt wird. Da keiner vor unangenehmen Situationen gefeit ist, werden immer wieder Hindernisse auftauchen. Nutzen Sie doch diese Stolpersteine auf Ihrem Weg, um etwas Neues zu erschaffen.

Gehen Sie gelassen und lösungsorientiert an solche Situationen heran und seien Sie dankbar. Der größte Faktor für ein glückliches Leben ist Dankbarkeit, weil dankbare Menschen immer genug davon haben. Sie verhindert Angst, da beide nicht nebeneinander existieren können. Dankbarkeit gibt es ohne Gegenleistung. Sie bekommen diese einfach geschenkt. Worauf begründet sich Ihre Angst? Es ist die Person, die Sie gerne sein möchten und die Sie sind.

Keine Angst zu empfinden, ist die Fähigkeit, mutig zu sein und trotz Angst sich vorwärtszubewegen. Wenn Sie immer nach dem gleichen Schema handeln, wird sich nichts verändern. Sie bekommen nur das, was Sie bisher immer bekommen haben.

Zitat: *„Das Leben beginnt erst außerhalb der Komfortzone."* Neale Donald Walsh

Dementsprechend sollten Sie sich freiwillig auf Unannehmlichkeiten einlassen und Ihre Komfortzone verlassen. Mit Willenskraft überwinden Sie Ihren inneren Schweinehund und entwickeln mentale Stärke. Es gibt schöne Beispiele, um mentale Stärke zu erlangen und Widerstandsfähigkeit zu erreichen. Dabei verändern Sie Gewohnheiten, die Ihnen Freude bereiten und verlassen dabei Ihre Komfortzone.

- stellen Sie Ihre Ernährung auf intermittierendes Fasten um und verzichten Sie auf das Frühstück.
- tauschen Sie Ihr kuschelig warmes und weiches Bett gegen einen harten Schlafplatz auf dem Fußboden.
- anstatt morgens heiß zu duschen, duschen Sie mit kaltem Wasser.

- nutzen Sie einige Tage eine monotone Ernährung und essen Sie beispielsweise nur Reis und Bohnen.

Sie werden sich wundern, welchen Einfluss solche Veränderungen haben. Plötzlich empfinden Sie große Dankbarkeit für die Dinge im Leben, die eigentlich als selbstverständlich gesehen werden. Bequemlichkeit ist der Grund, warum Menschen die Komfortzone nicht verlassen wollen.

Dabei fehlt es nicht an immer mehr Informationen oder an mehr Lebensfreude. Vielmehr ist es die Dankbarkeit, die abhandengekommen ist. Menschen lassen sich von Freude leiten und geben dem inneren Schweinehund nach. Das ist die dunkle, bedrohliche Seite, die das Selbstbewusstsein, den Selbstwert, das Selbstvertrauen und damit der Persönlichkeitsentwicklung im Wege steht.

Natürlich sollen Sie sich belohnen und sich etwas gönnen. Doch Ihr Verlangen kann zu einem bösartigen Geschwür mutieren, wenn Sie nicht genau aufpassen. Der Meister wird dabei zum Sklaven.

Es wird begonnen über das Hier und Jetzt, genauso wie über Morgen zu klagen. Dabei verlieren Sie den Blick für den Moment, für den Sie dankbar sein und den Sie wertschätzen sollten.

Mehr Selbstbewusstsein und Selbstwert – 8 praktische Tipps

Mit dem eigenen Selbstbewusstsein und dem eigenen Selbstwert ist das immer so eine Sache, da mehr von beidem auch Veränderungen mit sich bringt. Doch die positive Wirkung, die innere Stärke und das Akzeptieren von allen Dingen, die zu Ihnen gehören, machen Sie zu einem neuen Menschen, der seine Persönlichkeit weiterentwickelt.

Ja! Es ist auch mit Arbeit verbunden. Mit dem Wissen um die richtigen Werkzeuge, gelingt es Ihnen, Potenziale in Ihnen zu wecken. Dabei helfen Ihnen die nachfolgenden Praxistipps, die Sie ab jetzt öfter in Ihrem Alltag nutzen sollten. Ganz wichtig: Haben Sie Spaß dabei!

1. Lächeln ist die beste Medizin

Die einfachste und schnellste Methode, um sich selbst ein positives Gefühl zu geben und damit mehr Selbstbewusstsein zu erlangen ist Lächeln. Denn Ihr Geist ist eng mit Ihrem Körper verbunden und beeinflusst sich gegenseitig. Wenn ein gutes, selbstbewusstes Gefühl vorhanden ist, entsteht ganz automatisch ein fröhlicher Gesichtsausdruck mit einem Lächeln auf den Lippen.

Versuchen Sie auch unangenehmen Situationen oder Tagen, an denen Sie sich nicht gut fühlen, mit einem Lächeln zu begegnen. Schnell werden Sie spüren, dass sich eine Veränderung einstellt. Ihr bisher negatives Gefühl wird abgeschwächt oder verschwindet komplett. Dabei stellt sich mehr Selbstsicherheit ein, da Sie Ihren Selbstwert mit anderen Augen betrachten. Eng damit verbunden ist eine neue Sichtweise der Dinge, die Sie durch positives Denken beeinflussen, ganz gleich, wie schwierig sich die Situation gerade darstellt. Positives Denken lässt sich lernen. Dabei spielt Alter keine Rolle.

Um negative Gedanken aus Ihrem Kopf zu verbannen, sollten Sie nach und nach diese Gedanken zu Positiven verwandeln und die Wahrnehmung der Umwelt positiv betrachten. Doch warum ist positives Denken so wichtig, um mehr Selbstbewusstsein zu erlangen und den Selbstwert zu steigern? Es gibt genug Menschen, die glauben, dass positive Denkweisen Quacksalberei ist. Denn positives Denken beruht nur auf der Einbildung und dient dazu, die Realität nicht klar zu sehen. Grundsätzlich sollte der Realität ins Auge geblickt und negative Dinge wahrgenommen werden, so wie sie sich darstellen. Grundsätzlich ist diese Aussage richtig.

Wer positives Denken falsch nutzt, erlebt eine negative Wirkung der eigentlich positiven Gedanken, weil krampfhaft der Versuch gestartet wird, negative Dinge durch die rosarote Brille zu sehen, weil man diese nicht wahrhaben möchte. Genau das sollen Sie nicht machen. Verdrängen bringt Sie kein Stück weiter. Dabei wird nur unnötig Energie verschwendet. Der richtige Weg ist daher, Situationen erst einmal so zu akzeptieren, wie sie sind. Von diesem Standpunkt aus lässt sich die Aufmerksamkeit auf die positiven Aspekte der jeweiligen Situation lenken. Damit entwickeln Sie ein Stück weit Optimismus, der zu positivem Denken führt.

Sie entscheiden sich für die positiven Dinge der sich negativ darstellenden Situation und haben damit einen guten Ausgangspunkt geschaffen. Prinzipiell funktionieren eine positive Einstellung und die damit verbundene positive Denkweise nur, wenn Sie sich nicht vor der Realität drücken und nicht krampfhaft versuchen, diese auszublenden. Sie müssen die Situationen annehmen und die Möglichkeiten erkennen, die sich dadurch für Sie ergeben. Damit schaffen Sie eine Veränderung und nehmen die Dinge in einem positiven Licht wahr.

Wie schaffen Sie es, im ersten Schritt eine Situation zu akzeptieren? Die Antwort lautet: Eine Wahl gibt es für Sie nicht! Nehmen Sie Situationen sind so, wie sie sind. Die Welt verändern Sie nicht, weil Sie gar keinen Einfluss darauf haben, egal, was Sie anstellen. Es wird sich nichts verändern. Sie verschwenden nur kostbare Energie, die Sie viel sinnvoller für eine positive Denkweise nutzen sollten. Akzeptieren Sie die Situation und behalten Sie im Gedächtnis, dass Sie mit negativen Gedanken keinen Schritt weiterkommen.

Übung: Machen Sie sich Gedanken darüber, was gerade gut an dieser Situation, dem Ort oder dem Moment ist. Damit wecken Sie Ihre Achtsamkeit, halten inne, atmen tief durch und lassen Ihre Gefühle wirken. Es kristallisiert sich heraus, was an dieser Situation, dem Moment oder dem Ort so besonders für Sie ist.

Nutzen Sie Ihre Energie um zu Fokussieren und fühlen Sie, wie sich das positive Gefühl entwickelt.

Diese Übung hat den Fokus, gute Dinge im Leben zu erkennen, auch in negativen Situationen. Führen Sie die Übung regelmäßig durch. Mit der Zeit entsteht ein Automatismus in Ihrem Unterbewusstsein, sodass ganz automatisch positive Gedanken entstehen, egal wie schwierig die Situation auch gerade ist. Wie auf Autopilot konzentrieren Sie sich auf das Positive und generieren dadurch positive Gedanken.

2. Reflektieren Sie Ihre Verhaltensmuster und stärken Sie Ihre Körperhaltung

Die kontinuierliche Optimierung der Persönlichkeit kann in einen regelrechten Wahn ausarten. Denn durch die Gesellschaft wird Ihnen ein bestimmtes Selbstbild vorgegeben, welches vielleicht gar nicht Ihrem persönlichen Lebensstatement entspricht. Trotzdem macht sich das Gefühl breit, dass Sie Ihre Verhaltensweisen kritisch betrachten und überdenken müssen. Die Verpflichtungen aus der Gesellschaft und die eigene Verhaltens- und Denkweise lastet schwer auf den eigenen Schultern, weil Sie glauben, es allen recht machen zu müssen.

Aus dieser seelischen Belastung können schnell auch körperliche Symptome entstehen, die Ihre Lebensqualität nachhaltig beeinflussen. Belastungen nagen an Ihrem Selbstbewusstsein und Ihrem Selbstwert. Doch vielfach sind Ihre Sorgen und Nöte hausgemacht. An dieser Stelle sollten Sie mit Selbstreflexion den Überprüfungsprozess Ihrer Verhaltensweisen und Persönlichkeit anstoßen, bevor Sie versuchen, Ihr Verhalten und Ihre Denkweise zu optimieren. Schauen Sie genauer hin.

Dabei steht nicht die vermeintlich schlechte Denk- und Verhaltensweise im Vordergrund. Schauen Sie, ob es an diesem Verhalten und Denken eine positive Seite gibt.

Sie beäugen nicht mehr nur eine Seite der Medaille, sondern betrachten auch die andere Seite. Dabei haben Sie die Möglichkeit, sich beider Aspekte bewusst zu werden. Es ergibt sich eine gute Grundlage für Entscheidungen, die das Verhalten und die Denkweise beeinflussen. Durch ein stabiles Selbstbewusstsein erlangen Sie eine höhere Flexibilität, die Sie beim Umgang mit sich selbst und Ihrer Umwelt unterstützt. Stellen Sie Ihre Persönlichkeit nicht unter den Scheffel, sondern präsentieren Sie Ihr Selbstbewusstsein mit Ihrer Körperhaltung.

Aufrechter Gang, Kopf nach oben, Blick geradeaus und Schultern nach hinten ist eine perfekte Möglichkeit, Ihre Persönlichkeit darzustellen. Durch eine starke Körperpräsenz verbessern Sie Ihre Ausstrahlung und zeigen Selbstsicherheit. Sie wirken größer und stärker und werden als Fels in der Brandung empfunden.

Es gibt aber auch Situationen, wo Sie ruhig den Blick zum Boden wenden können und eine leicht gebückte Körperhaltung einnehmen dürfen. Körpersprache ist das Spiegelbild Ihrer Seele und Ihren Empfindungen.

Damit können Sie, genauso wie mit der Körperhaltung, vieles zum Ausdruck bringen. Hinterfragen Sie immer, warum Sie sich so Verhalten und warum Sie eine bestimmte Körperhaltung einnehmen. Haben Sie darauf eine Antwort gefunden, wissen Sie, wofür Ihr Verhalten gut ist und können etwas ändern. Hören Sie nicht auf andere, sondern nur auf sich selbst. Nur Sie wissen genau, was Ihnen gut tut und was nicht.

Ihr Glaube an sich selbst führt dazu, dass Sie genauer auf Ihre innere Stimme hören und sich besser fühlen. Damit kommen Sie Ihrem Selbstbewusstsein und Ihrem Selbstwert ein ganzes Stück näher und haben die Chance, beides zu steigern. In Ihrem Leben sind Sie der Maßstab und kein anderer. Daher führt der Weg zu einem besseren Selbstbewusstsein immer in die Richtung, dass Sie sich besser verstehen und fühlen lernen. Sie finden würdige Lösungen und entdecken dabei Fähigkeiten, die Ihr Leben schöner machen.

3. Entdecken Sie Ihren eigenen Wert

Sie können sich damit beschäftigen, in welchen Situationen Sie sich wertlos gefühlt haben und darüber nachdenken, warum dieses Gefühl eingetreten ist. Damit haben Sie einen Ausgangspunkt geschaffen, der die Frage aufwirft, wie sich diese Situation darstellen müsste, damit Sie sich wertvoll fühlen. Gerade, wenn es Ihnen an Selbstwert fehlt, ist das genau der richtige Ansatzpunkt. Herauszufinden gilt dabei, wo Sie sich selbst oder andere Menschen die Wichtigkeit Ihrer Persönlichkeit einfach übergehen.

- welche Maßnahmen ergreifen Sie in Ihrem Leben, um Ihren eigenen Bedürfnissen und Ihrer Person die Wichtigkeit zu geben?
- welche kleinen Schritte führen dazu, dass Sie mehr Selbstbewusstsein und eine höhere Wertigkeit erlangen?
- welches Verhalten anderer Menschen suggeriert Ihnen ein minderwertiges Gefühl?
- was können Sie dafür tun, um von anderen Menschen als wichtig und wertvoll gesehen zu werden?

Indem Sie selbst zu sich stehen, steigern Sie Ihr Selbstwertgefühl. Selbstkritik ist gut und schön. Sie darf aber nicht zur Selbstablehnung und geringer Wertschätzung führen. Großen Einfluss auf den Selbstwert hat beispielsweise die Werbung. Schlanke Models, Männer mit gestärkten Muskeln und Waschbrettbauch sowie glücklich strahlende Menschen suggerieren ein glückliches, zufriedenes Leben.

Schon in jungen Jahren manifestiert sich in den Gedanken ein Trugbild. Dieses führt dazu, dass Sie sich selbst schlecht und wertlos fühlen. Das Umfeld macht es nicht besser. Sie bekommen negative Meinungen zu Ihrer Person, Ihrem äußeren Erscheinungsbild und Ihrem Körper geliefert, die das Selbstwertgefühl negativ beeinflussen. Machen Sie sich immer klar, dass jeder Mensch wertvoll ist.

4. Verbessern Sie Ihr Körpergefühl für mehr Selbstbewusstsein und Selbstwert

Starke, selbstbewusste und zielgerichtete Menschen haben eine enorme Energie und bewegen sich energiegeladen Ihren Zielen entgegen. Sie wissen, wohin Ihr Schiff fahren soll und haben großes Vertrauen zu sich selbst. Dieses fehlt Menschen, die ziellos sind, Ihren Selbstwert unterschätzen und wenig Selbstbewusstsein haben. Aus der Ziellosigkeit kommen Sie heraus, wenn Sie anfangen sich zu bewegen. Damit ist wortwörtlich gemeint, dass Sie beim Gehen einen Gang höher schalten. Durch mehr Bewegung werden Sie automatisch aufgemuntert, erlangen Energie, fühlen sich wichtiger und selbstbewusster. Gehen Sie schneller mit zielgerichteten Schritten und einem klaren Blick vorwärts.

Eine Steigerung zum Gehen ist Sport treiben. Damit machen Sie nicht nur etwas für Ihre Gesundheit, sondern stärken Ihr eigenes Körpergefühl. Gerade wenn ein Energieloch vorhanden ist, sollten Sie den inneren Schweinehund überwinden, die Sporttasche packen und sich richtig auspowern. Danach fühlen Sie sich deutlich besser und energiegeladener.

Es stellt sich Lebenslust ein, sodass Sie Ihren Aufgaben mit Schwung entgegentreten. Sport ist nicht nur für den Körper gut, sondern beeinflusst auch die seelische Verfassung, genauso wie den Gemütszustand. Denn die dabei ausgeschütteten Endorphine stellen ein angenehmes Glücksgefühl bereit. Sie sind glücklich und können sich auf die Schulter klopfen, weil Sie am heutigen Tag etwas für sich gemacht haben. Besser kann es doch gar nicht laufen!

5. Nutzen Sie Plätze in der ersten Reihe

Gewinner stehen auf dem Siegertreppchen ganz oben. Und genau dieses Siegertreppchen ist Ihre Persönlichkeit, die Sie mit Selbstbewusstsein und der richtigen Einschätzung Ihres Selbstwertes darstellen. In der Schule, im Hörsaal von Universitäten, in Besprechungsräumen oder bei Meetings wird sich gerne ein Platz in der hintersten Ecke und Reihe ausgesucht, um nur nicht aufzufallen. Sie bleiben lieber unsichtbar und wollen nicht wahrgenommen werden.

Menschen, die solche Plätze wählen, haben nur sehr wenig Selbstbewusstsein und scheuen sich davor, eine der drei Stufen des Siegertreppchens einzunehmen. Sie würden ja genau in diesem Moment im Rampenlicht stehen und könnten sich nicht mehr verstecken.

Machen Sie sich sichtbar für andere und zeigen Sie den Menschen nicht nur, dass Sie da sind. Überzeugen Sie mit Ihrer Präsenz. Dieser Schritt mag Ihnen vielleicht Angst machen. Doch diese Angst ist irrational und lässt sich überwinden. Hat eine Veranstaltung beispielsweise schon angefangen, wählen Sie trotzdem einen Platz in der ersten Reihe.

Damit bewirken Sie, dass andere auf Sie aufmerksam werden und Sie wegen Ihres Selbstbewusstseins bewundern. Damit stärken Sie Ihr Selbstvertrauen, zeigen, dass Sie etwas Besonderes sind und stellen Ihre Persönlichkeit zur Schau.

6. Nutzen Sie die Sprache, um sich mitzuteilen

Es ist erstaunlich, wie wenig Menschen über Ihre Wünsche, Träume, Visionen und Ihre Ziele sprechen. Betrachten Sie einmal starke, ausgeprägte Persönlichkeiten genauer und hören Sie zu, was diese Menschen zu sagen haben. Sie geben ein klares Statement ab und stehen dahinter. Leider fehlt es vielen Menschen an diesem Schneid, weil sie befürchten, dass andere Sie für Ihre Meinung, Ihr Denken und Handeln verurteilen.

Darum wird vielfach nur da gesessen und nichts gemacht. Die Angst, ein falsches Bild abzugeben, wird völlig überbewertet. Die Menschen, die sich in Ihrem Umfeld befinden, sind offener als Sie vielleicht denken. Sie schlagen sich sehr wahrscheinlich genau mit der gleichen Angst herum wie Sie selbst und sind sehr froh darüber, wenn Sie die Initiative ergreifen und Ihre Gedanken zum Ausdruck bringen. Es gibt keine dummen Fragen, nur dumme Antworten. Wer weiterkommen und sein Selbstbewusstsein stärken möchte, sollte den Mund aufmachen und die Gedanken in Worte fassen.

Für Ihre Gedanken, Ideen, Visionen und Ihre Meinung werden Sie nicht gleich in den Kerker gesperrt. Vielmehr demonstrieren sie damit die Persönlichkeit, die in Ihnen steckt. Worte haben eine gewaltige Kraft und setzen unbeschreibliche Energien frei. Ein tolles Beispiel dafür ist die berühmte Rede von Martin Luther King „I have a dream" die der schwarze Bürgerrechtler am 28. August 1963 anlässlich des Marsches auf Washington vor 250.000 Menschen am Lincoln Memorial gehalten hat. Es ging dabei um Freiheit und Arbeit für schwarze Minderheiten. Die mächtigen Worte standen nicht in seinem Manuskript, sondern waren seine Vision von der Zukunft, die er den Menschen mitgeteilt hat.

7. Nehmen Sie sich nicht so ernst und bereichern Sie die Welt

Selbstbewusste Persönlichkeiten nehmen sich selbst nicht so ernst und können sehr gut über sich selbst lachen. Denn sie haben das Selbstbewusstsein und die mentale Stärke, zu ihren Schwächen und Fehlern zu stehen und wissen genau um ihre Stärken. Sie vertrauen auf sich selbst und kennen ihren Selbstwert.

Aus dieser einzigartigen Kombination heraus, nehmen sie Dinge, die Sie nicht verändern können, als gegeben hin. Dinge, die sie verändern können, versuchen sie so zu verändern und zu beeinflussen, dass sich ein positives Bild ergibt. Sie können über sich selbst lachen und Fehler eingestehen. Fehler eingestehen ist keine Schwäche, sondern beweist innere Stärke. Genauso spannend gestaltet es sich, wenn sie Ihrem Leben eine Bedeutung geben. Damit erreichen Sie ein besseres Gefühl. Sie erleben, wie es sich anfühlt, für andere Menschen wichtig zu sein, weil Sie sich nicht mehr nur mit sich selbst, Ihren Wünschen, Bedürfnissen, Mängel und Fehlern beschäftigen.

Anderen Menschen wird damit ein Platz in Ihrem Leben eingeräumt. Finden Sie heraus, wie Sie Ihre Umwelt und die Menschen bereichern können. Sie erhalten im Gegenzug die Wertschätzung, die Sie sich immer gewünscht haben. Gleichzeitig gelingt Ihnen damit, Selbstbefangenheit abzulegen und Selbstvertrauen gegenüber sich selbst und dem Umfeld aufzubauen. Sie spüren, dass Sie für eine andere Person wichtig sind. Dieses tolle Gefühl macht den Unterschied und stärkt Ihr Selbstbewusstsein. Je mehr Sie den Menschen und Ihrer Umwelt geben, desto größer gestalten sich die Dinge, die Sie am Ende zurückbekommen.

8. Mit Disziplin mehr Selbstbewusstsein erlangen

Disziplin ist die Triebfeder für Erfolg und der Schlüssel zum Glück. Schauen Sie sich beispielsweise die Geschichte der Beatles an. Diese Band hat viele Stunden im Proberaum verbracht und lange Jahre jeden Abend vor Publikum gespielt, bevor sie den Durchbruch schafften und berühmt wurden. Der vielleicht beste Basketballer Michael Jordan hat in einem Interview einmal einen interessanten Satz gesagt:

Zitat: „Das Einzige, was mich von anderen Basketballern unterscheidet, ist, dass ich 1000 mal mehr Würfe durchgeführt habe, als alle anderen..."

Damit wird klar, dass Talent alleine einen nicht weiter bringt. Jeder Mensch hat Talente, die ihn mit Disziplin und Willenskraft am Ende zum Erfolg führt. Disziplin ist keine angeborene Fähigkeit, sondern erlernbar. Jeder Mensch besitzt eine gewisse Selbstdisziplin. Diese stellt sich dar, wenn Sie sich ein bestimmtes Ziel gesetzt haben und dieses kontinuierlich verfolgen. Damit haben Sie die Grundvoraussetzung dafür, um erfolgreich zu sein.

Selbstbewusstsein und Selbstwert – vermeiden Sie chronische Überforderung

Für die Stärkung des Selbstbewusstseins und des Selbstwertes suchen Menschen nach Anerkennung. Sie verwirklichen sich in der Arbeitswelt und geben dem Leben damit einen Sinn. Schon Kinder, die in der Schule sind, versuchen sich gegenseitig zu übertreffen, um Selbstbestätigung zu schaffen.

Solange das soziale Umfeld in alle Richtungen stimmt, ist das keine verkehrte Verhaltensweise, da dadurch das Selbstwertgefühl und das Selbstbewusstsein ausgebaut werden. Auf der anderen Seite kann sich aber auch eine Schwächung des Selbstbewusstseins und Selbstwertes einstellen. Dabei ist die schulische Voraussetzung nicht ausschlaggebend. Ein Handwerker mit Talent, der nur einen Hauptschulabschluss hat, kann ein deutlich höheres Selbstbewusstsein und einen besseren Selbstwert haben, als ein Chemiker, der nur wenig Talent besitzt. Eine Überforderung, genauso wie eine Unterforderung entsteht, wenn die zu bewältigenden Anforderungen nicht stimmig sind.

Taucht dieses Gefühl auf, sollte sich nach einer Tätigkeit umgeschaut werden, die besser zu Ihnen und Ihrem Anforderungsprofil passt. Ebenso entscheidend ist die eigene Wertorientierung. Einen höheren Selbstwert erreichen Sie beispielsweise damit, wenn Sie sich ehrenamtlich im sozialen Bereich engagieren. Dafür gibt es eine Vielzahl von Projekten, wo Sie sich einbringen können.

Die eigene Wertorientierung wird dabei weiter ausgebaut, wenn Sie hinter Ihren Werten und den Werten der Gemeinschaft stehen. Es gibt eine ganze Reihe Quellen, die gutes Futter für Ihr Selbstwertgefühl sind. Ihre Fantasien und Träume sind extrem wichtige Bestandteile des Selbstbewusstseins, die Ihnen ein positives Selbstbild geben, das sich deutlich vom Fremdbild unterscheidet. Träume sind die Darstellung von Lebensentwürfen, die ausgelebt werden möchten. Negative Dinge in Ihrem Leben lassen sich einfacher ändern, wenn Sie Ihre Gedanken auf eine bessere Zukunft lenken. Es entsteht eine große Portion guter Gefühle, von denen sich das Selbstbewusstsein ernährt. Damit schaffen Sie eine deutlich höhere Belastungsgrenze.

Sie kennen Ihre Stärken und Schwächen und akzeptieren auch Letztere als Bestandteil Ihrer Persönlichkeit. Damit haben Sie erreicht, dass Sie weniger abhängig davon sind, wie andere Menschen Sie bewerten. Das Selbstbewusstsein ist der Prellbock und muss sehr viel aushalten. Ein großer Feind ist Kritik, gerade wenn es dafür keine Rechtfertigung gibt. Sie fühlen sich unverstanden. Schlimmstenfalls ergibt sich daraus eine Identitätskrise. Sie entsteht beispielsweise, wenn durch eine schwere Krankheit die körperliche Bewegungsfreiheit eingeschränkt wird, die Kinder von Zuhause ausziehen oder ein geliebter Mensch stirbt.

Solche Ereignisse haben dramatische Auswirkungen, wenn die Persönlichkeit dabei in Mitleidenschaft gezogen wird. In einer solchen Sinnkrise kommt es zu der Fragestellung: „Welchen Stellenwert habe ich jetzt noch?" Es ergibt sich ein Verlust des Selbstwertes und des Selbstvertrauens. Einige Menschen haben das Wissen darum, dass das Leben weiter geht. Sie rappeln sich wieder auf, suchen sich neue Herausforderungen und überdenken den Sinn ihres Lebens. Andere wiederum ziehen sich zurück in Ihr Schneckenhaus und verlieren sich in Resignation.

Ob Sie zu der einen oder anderen Kategorie Mensch gehören, ist entscheidend von Ihrem Selbstbewusstsein abhängig. Haben Sie es aber geschafft, eine solche Krise zu überwinden, schaffen Sie es, sich anschließend bedeutend stärker aufzustellen. Darum ist es immer sinnvoll, am eigenen Selbstbewusstsein zu arbeiten und einen stabilen Selbstwert zu entwickeln.

Selbstverwirklichung – Entfalten Sie mit Selbstbewusstsein und Selbstwert Ihre Persönlichkeit

Die Entfaltung des Selbstbewusstseins und das Erkennen des Selbstwertes sind wichtige Pfeiler für die Selbstverwirklichung und bilden die Brücke zu Ihrer Persönlichkeit. Indem Sie an Ihrem Selbstbewusstsein und Selbstwert arbeiten, öffnen sich viele weitere Türen. Denn damit haben sie den Anstoß dafür gegeben, etwas verändern und sich selbst verwirklichen zu wollen. In engem Kontext dazu steht aber auch die Selbsterkenntnis, die oftmals der Weiterentwicklung und damit der Selbstverwirklichung im Wege steht. Wie bereits erwähnt, wurden Sie Ihr Leben lang von gesellschaftlichen Normen und Erwartungen begleitet, denen Sie sich bisher immer gebeugt haben. Sie wurden in Verboten und Einschränkungen zum Ausdruck gebracht.

Eine Veränderung der Persönlichkeit und damit die Stärkung des Selbstbewusstseins und Selbstwertes stoßen in Ihrer Umwelt immer wieder auf Ablehnung.

Denn Sie entschlüpfen der Ihnen zugedachten Rolle und machen endlich die Dinge, die Sie glücklich machen. Anderen Menschen stößt dieses bitter auf, weil Ihnen der Mut, die Kraft, das Selbstvertrauen, der Selbstwert und das Selbstbewusstsein fehlen. Sie scheuen sich vor den Enttäuschungen und dem Scheitern. Doch Ihre Träume, Ziele, Ideen und Visionen gehören zur Charakterbildung und damit zur Persönlichkeitsentwicklung. Menschen, die sich in Ihrer Entwicklung beschneiden lassen, fehlt es an Talenten. Sie können nicht planen und nicht organisieren, sondern leben nach einem vorgefertigten Schema.

Die wichtigen Eigenschaften wie Selbstbewusstsein und Selbstwert sowie Selbstvertrauen stellen sich recht verkümmert dar, weil Sie Ihre Selbstverwirklichung ganz nach hinten stellen. Wenn Sie einmal genauer in sich hineinschauen, werden Sie schnell feststellen, in wie vielen Bereichen Sie fremdbestimmt handeln. Die Einschränkungen beschneiden Ihre Träume, Ideen und Ziele und beschränken Sie in Ihrer Persönlichkeitsentwicklung. Ob Sie mit diesen Einschränkungen zufrieden sind, interessiert niemanden. Sobald Sie aber aus diesem Schema ausbrechen, erhalten Sie ungeteilte Aufmerksamkeit.

Sie stellt sich nicht nur positiv, sondern auch negativ dar. „Was ist plötzlich mit Dir los? Was ist in Dich gefahren, dass Du Dich so verändert hast?"

Seien Sie sich immer bewusst darüber, dass nur Sie selbst derjenige sind, der in Sie hineinschauen kann und sieht, wie es in Ihrem Inneren aussieht. Und nur Sie sind derjenige, der sich dazu entscheidet, etwas zu verändern. Wenn Sie anfangen mehr Selbstbewusstsein zu entwickeln und Ihren Selbstwert zu steigern, erhalten Sie neue Perspektiven und schätzen viele Dinge anders ein. Daraus ergibt sich, dass Sie Dinge erkennen, die Ihnen guttun. Gleichzeitig fallen Ihnen aber auch Dinge auf, die Ihrer Selbstverwirklichung im Wege stehen. Mit diesen Erkenntnissen sind Sie in der Lage ein glückliches, zufriedenes Leben zu führen.

Sie wissen, was Sie erreichen wollen und arbeiten stetig an Ihrem Selbstwert und Selbstbewusstsein. Ihre innere Stimme unterstützt Sie und sagt Ihnen: „Deine Entscheidung ist richtig. Pack es an! Denn es bringt Dich Deiner eigenen Persönlichkeit wieder ein Stück näher!"

Negative Aspekte wie, „Was denken die anderen über mich?" und „Das geht nicht gut?", gibt es in Ihrem inneren Wortschatz nicht mehr. Es wird der Intuition und der Stimme des Herzens gefolgt. Kritikern gegenüber sind diese beiden immun. Dadurch wird verhindert, dass Sie Ihren Weg verlassen. Ein gestärktes Selbstbewusstsein führt dazu, dass Sie ein selbstbestimmtes Leben führen, indem Sie sich verwirklichen. Sie kennen Ihren Selbstwert und orientieren sich an Ihren Bedürfnissen, Wünschen und Träumen und stimmen Ihre Handlungen genau darauf ab. Menschen mit wenig Selbstbewusstsein und fehlendem Selbstvertrauen haben andere Maßstäbe, weil sie von Ablehnung und Angst dominiert werden. Dadurch sind sie nicht in der Lage, ihre Komfortzone zu verlassen. Ihre Handlungen und ihre Persönlichkeitsentwicklung werden maßgeblich beeinflusst.

Die Angst vor Blamage ist viel zu groß, da das Vorhaben als kindisch und egoistisch gelten könnte. Die vielen Argumente, die Ihnen im Bezug auf Ihre Persönlichkeitsentwicklung und der Selbstverwirklichung begegnen, sollten im Keim erstickt werden.

Viele Dinge erledigen sich von ganz alleine, wenn Sie endlich für sich selbst und Ihre Wünsche einstehen. Diese verlieren ganz schnell an Gewicht, weil Sie sich dazu entschieden haben, mehr Selbstbewusstsein und damit einen höheren Selbstwert aufzubauen. Sie lösen sich von alten Konventionen und übernehmen selbst die Planung Ihres Lebens. Die neuen Einblicke sorgen dafür, dass Sie Ihr Leben auf den Prüfstand stellen.

Dabei fällt Ihnen auf, dass Sie eine Veränderung wollen, auch wenn diese anderen vielleicht nicht gefällt. Mit einem gestärkten Selbstbewusstsein und dem Wissen um Ihren Selbstwert sind Sie bestens für Ihre eigene Lebensplanung gerüstet. Sie starten mit Ihrer eigenen Selbstverwirklichung und nicht mit der, die andere für Sie geplant haben.

Ihr Selbstvertrauen wächst und Sie besitzen das Wissen darum, dass nur Sie selbst etwas verändern können. Durch die neue Organisation Ihrer Persönlichkeit beginnen Sie Ihren Traum zu Leben und glücklich zu werden. Auch wenn Persönlichkeitsentwicklung in der Kindheit beginnt, ist kein Ende absehbar. In jungen Jahren wird der Grundstein gelegt.

Auf diesem lassen sich aber sehr gut die unterschiedlichen Fähigkeiten weiter ausbauen. Menschen beginnen oftmals erst im späteren Alter das Selbstbewusstsein und den Selbstwert zu überdenken, weil zu diesem Zeitpunkt eine gewisse Reife vorhanden ist, um Situationen, Geschehnisse und Einflüsse auf die eigene Person zu hinterfragen. Was über viele Jahre als gut und richtig empfunden wurde, ist plötzlich mit Zweifeln und sogar Ablehnung behaftet, weil darin keine Erfüllung mehr gesehen wird.

Mitunter sind es aber auch die Mitmenschen im eigenen Umfeld, die den Anstoß dazu geben, über sich selbst nachzudenken und Verhaltensweisen zu erforschen. Im ersten Moment mögen Sie sich vielleicht vor den Kopf gestoßen fühlen. Doch ein enger Vertrauter darf Ihnen ruhig den Spiegel vorhalten und Ihnen zeigen, an was es eventuell mangelt. Diese Menschen haben vielleicht schon das erreicht, was Sie gerne erreichen möchten und können für Sie der perfekte Mentor sein, um den richtigen Weg für mehr Selbstbewusstsein, Selbstvertrauen und ein besseres Selbstwertgefühl zu finden.

Er begleitet Sie durch die verschiedenen Entwicklungsstufen der Persönlichkeit und hilft Ihnen dabei mehr Selbstsicherheit und mentale Stärke zu erlangen. Selbstbewusstsein erlangen und das Selbstwertgefühl steigern funktioniert nur, wenn Sie aktiv werden.

Suchen Sie nach Ihrer Motivation, warum Sie etwas verändern wollen und aktivieren Sie ein diszipliniertes Verhalten, um am Ball zu bleiben. Beides gibt Ihnen die nötige Bodenhaftung, damit Sie über sich hinauswachsen können. Die Entwicklungsstufe, auf der sich Ihre Persönlichkeit befindet, ist völlig belanglos. Wichtig ist, dass Sie etwas verändern wollen und erkennen, wo Sie ansetzen müssen. Das Steigern des Selbstbewusstseins und Selbstwertes ist dabei ein sehr guter Anfang. In jedem Menschen ist Selbstbewusstsein und Selbstwert vorhanden. Allerdings gestaltet sich die Ausprägung unterschiedlich. Für ein erfülltes, glückliches Leben ist es nie zu spät. Ergreifen Sie Ihre Chance!

Positives Denken lernen

Positives Denken – der Weg zum persönlichen Erfolg

Es gibt solche Menschen, die scheinbar immer und in jeder Lebenslage Erfolg haben und gesetzte Ziele mühelos erreichen. Egal, was sie auch anpacken, es gelingt ihnen ohne Wenn und Aber. Sie leben in einer harmonischen, gut funktionierenden Beziehung und haben den Traumjob, den sie immer haben wollten. Ängste und Nöte kennen diese Menschen nicht. Ihr Leben gestalten sie so, wie es ihnen gefällt.

Auf der beruflichen Karriereleiter gibt es keine Falltüren oder Stolpersteine, die das Erreichen des Ziels beschwerlich und anstrengend gestalten. Sie scheinen das Glück für sich gepachtet zu haben.

Als Bonus obendrauf besitzen diese Menschen eine unbeschreibliche Motivation, die keine Zweifel aufkommen lässt, dass das gesetzte Ziel nicht erreichbar ist. Was machen diese Menschen anders? Es gibt zwei interessante Sätze, die Sie sich merken sollten.

1. *Erfolg bekommt man nicht geschenkt!*

2. *Erfolg muss man sich verdienen!*

Hinter Erfolg steckt nämlich bedeutend mehr, als Sie vielleicht im ersten Moment annehmen. Bei erfolgreichen Menschen sind diese beiden Sätze der Leitfaden beziehungsweise das Fundament, auf dem sich der Erfolg aufbaut.

Sie bleiben nicht untätig, sondern krempeln die Ärmel hoch und haben sich dazu entschlossen, aus eigener Kraft etwas zu bewegen. Diese Menschen haben sich das Ziel gesetzt, den besseren Job im Unternehmen zu besetzen und in die Führungsetage aufzusteigen. Sie nehmen die Teilerfolge mit, die ihnen den Weg dorthin ebnen. Was ist aber der Grund für Ihren Erfolg? Hinter dem Erfolg steht das persönliche Erfolgsgeheimnis.

Diese Menschen haben das Wissen darum, dass erfolgreich sein im Kopf beginnt. Sie sind mutig, zielstrebig und lassen nichts aus, um erfolgreich zu werden. Sie wissen, dass alles möglich ist, wenn Sie es nur versuchen. Von Anfang an haben sie den Willen, etwas zu verändern und bleiben dabei hartnäckig am Ball. Es gibt dabei keine Ausnahmen! Nur so ist das Glück und der Erfolg auf Ihrer Seite.

Destruktives Denken

Erfolg und Misserfolg beginnen in Ihrem Kopf und gerade der Misserfolg findet seine Nahrung im destruktiven Denken. Plötzlich sehen Sie nur noch eine große Welt voller Probleme, nichts funktioniert und Sie verlieren den Weitblick. Vermutlich werden Sie die gewünschten Ziele niemals erreichen. Denn durch den eingeschränkten Horizont legen Sie den Fokus nur noch auf negative Gedanken. Pessimismus und Destruktivität bremsen Sie aus, ziehen Sie enorm runter und stellen eine Blockade dar.

Ihre Gedanken sind diejenigen, die Ihr Handeln und den Erfolg nachhaltig beeinflussen. Für Ihren persönlichen Erfolg ist es daher extrem wichtig, destruktives Denken jetzt sofort zu stoppen. Doch wie gelingt es Ihnen, sich von Ihren negativen Gedanken zu verabschieden? Dazu müssen Sie zuerst einmal wissen, dass es verschiedene Arten von destruktivem Denken gibt.

Jeder hat einmal einen schlechten Tag. Es tauchen Gedanken auf wie „immer passieren mir solche Dinge und nichts funktioniert richtig...".

Genau in diesem Moment spricht aus Ihnen der akute Frust. Das ist völlig normal, da jeder in eine Situation geraten kann, in dem der Glaube an sich selbst verloren geht oder negative Gedanken die Oberhand gewinnen. In einer solchen Situation fehlt Ihnen das Selbstbewusstsein, weiterzumachen oder neu durchzustarten. Diese Phasen sind aber nicht von langer Dauer. Ein Gespräch mit guten Freunden, die Ihnen Mut machen, sind eine gute Hilfestellung, um wieder Selbstbewusstsein zu erlangen und den Glauben an sich selbst wiederzufinden.

Destruktives Denken kann aber auch chronisch werden und alles andere überschatten. Dann ist der Zeitpunkt erreicht, dass Sie handeln müssen. Ihre Denkweise sorgt ansonsten dafür, dass Sie sich in die Abwärtsspirale begeben, die eine Eigendynamik aus sich selbst verstärkenden negativen Emotionen und Gedanken entwickelt. Nicht selten erschaffen Sie eine selbsterfüllende Prophezeiung durch Ihre unheilige Vorahnungen. Die destruktive Denkweise wird zur Realität. Auf einmal sind herbeigeredete und gedachte Probleme vorhanden.

Damit es Ihnen gelingt, etwas gegen das destruktive Denken zu unternehmen, müssen Sie zuerst einmal die falschen Gedanken erkennen. Wenn Sie sich bereits in der Abwärtsspirale befinden, gelingt Ihnen das nicht ganz so einfach.

Es gibt aber typische Formen, die Ihnen bei der Identifizierung helfen:

- **Probleme werden verallgemeinert.** Dabei leiten Sie aus einmaligen Verhaltensweise oder Situationen eine nicht existierende Regel ab. Ein kleines Beispiel: Wenn Ihr Chef Sie fragt, ob Sie Samstag arbeiten kommen können, heißt das noch lange nicht, dass Sie immer gefragt werden, ob Sie Samstag arbeiten können.
- **persönlich nehmen von Dingen**: Im Büroflur unterhalten sich zwei Kollegen. Dafür gibt es für Sie nur die einzige Erklärung, dass die beiden über Sie lästern und Sie in ein schlechtes Licht stellen. Ihre eigene Unsicherheit beeinflusst Ihr Denken und macht aus der Situation ein großes Drama. Denken Sie daran, dass es nicht immer um Sie geht. Vielleicht sprechen die beiden ja

auch über die nächste gemeinsame
Kaffeepause.

- **gedanklich aus einer Mücke einen Elefanten
machen**: Genau das ist der Ursprung für
destruktives Denken. Sie haben Zeit und genug
Fantasie, um gedanklich aus einem kleinen
Problem eine große Katastrophe zu
konstruieren. Dieser vermeintliche Worst-Case
ist aber nur ein mögliches Szenario und nichts
anderes.

Verabschieden Sie sich von destruktivem Denken

Destruktives Denken ist eine schlechte Angewohnheit, die sich nur schwer in eine positive Denkweise verwandeln lässt. Denn hinter negativen Gedanken verbirgt sich oftmals ein Schutzmechanismus, um keine bösen Überraschungen zu erleben. Allerdings ergeben sich durch destruktive Gedanken noch mehr Probleme, die Sie gar nicht mehr so einfach bewältigen können. Um die negative Denkweise in positives Denken zu verwandeln, brauchen Sie Durchhaltevermögen und viel Geduld.

Wichtig ist, dass Sie negative Gedanken erkennen und explizit hinterfragen. Die nachfolgenden Beispiele kommen Ihnen sicherlich bekannt vor. Sie gehören zu den klassischen destruktiven Gedanken, die Sie in positives Denken umwandeln sollten:

1. Für mich wird es keinen neuen Job geben...

In der Bewerbungsphase macht sich oft Frust breit, weil entweder nur Absagen kommen oder die Bewerbung unbeantwortet bleibt. Es gibt bestimmt einen neuen Job für Sie! Manche Dinge brauchen eben etwas mehr Zeit. Ihre Geduld wird dabei über die Grenzen hinaus belastet. Aufgeben und nicht nach neuen Möglichkeiten sowie Chancen suchen ist aber keine Option. Vielleicht sollten Sie Ihre Bewerbungsmappe noch einmal überarbeiten und optimieren.

2. Der ganze Tag ist jetzt ruiniert...

Sie haben den Wecker nicht gehört, sind viel zu spät aufgestanden, stehen auf dem Weg zur Arbeit im Stau oder haben die Bahn verpasst. Schon am frühen Morgen geraten Sie in Stress, den Sie gar nicht haben wollen. Hat dieser wirklich Auswirkung auf den Rest des Tages? Sie sind derjenige, der Einfluss darauf hat, ob das Verschlafen oder die verpasste Bahn Ihnen den ganzen Tag ruiniert. Es ist nur ein kleines Problem und dieser schlecht gelaufene Start in den Tag, sollte nicht die Macht besitzen, die restliche Zeit negativ zu beeinflussen!

3. Das macht er nur, um mich zu ärgern...

Diese Denkweise ist ein schönes Beispiel für destruktives Denken, weil Sie es sehr persönlich nehmen, wenn Ihr Chef Sie fragt, ob Sie die wichtige Aufgabe übernehmen möchten. Eigentlich sollten Sie sich darüber freuen. Ihre Gedanken befördern Sie aber in die Opferrolle, weil das Positive ins Negative gedreht wird. Hören Sie endlich auf mit dieser Denkweise. Andere wollen Ihnen nicht immer nur schaden.

4. Jedes Mal macht er das...

Dieser negative Gedanke ist in 75 Prozent der Fälle eine Fehleinschätzung oder maßlos übertrieben. Wenn sich geärgert oder aufgeregt wird, neigen Menschen dazu, anderen zu unterstellen, dass diese sich immer so verhalten. Tappen Sie nicht in die Fallgrube von Verallgemeinerungen und destruktivem Denken, sondern hinterfragen Sie, ob das Verhalten schon öfter vorgekommen ist.

5. Das kann ich einfach nicht...

Es gibt keinen Menschen, der perfekt ist und alles kann! Anderen fallen vielleicht Dinge deutlich leichter. Doch das ist kein Grund aufzugeben. Probleme sind dazu da, dass sie mit einer positiven Denkweise angegangen werden. Reden Sie sich nicht ein, dass Ihre Leistungen schlecht sind oder Sie etwas nicht können. Stellen Sie sich lieber die Frage, wie Sie die eine Sache erlernen können. Damit verhindern Sie nicht nur destruktives Denken, sondern erweitern Ihre Kompetenz.

6. Ich bekomme keine Anerkennung für meine Leistungen...

Klar gibt es Chefs, die Ihren Mitarbeitern nicht sagen, dass sie einen guten Job machen. Wenn Sie deswegen Frust schieben, ändert das aber nichts daran. Vielmehr machen sich in Ihrem Kopf destruktive Gedanken breit. Damit erst gar keine schlechten Gedanken auftreten, wagen Sie den Schritt nach vorne. So können Sie beispielsweise Ihren Vorgesetzten um ein regelmäßiges Feedback bitten oder Ihre Selbstvermarktung durch Training verbessern.

Erfolg ist für alle da!

Erfolgreich sind nicht nur die Privilegierten. Wenn sich Menschen eine bestimmte Einstellung zunutze machen, schaffen sie die richtige Grundlage dafür, um erfolgreiche Zeiten zu erleben. Einhergehend damit erlangen sie Zufriedenheit. Vielleicht macht sich bei Ihnen der Gedanke breit, dass es Ihnen an Potenzial fehlt, um die Führungsposition zu übernehmen, weil Ihnen delegieren schwerfällt und Sie lieber produktiv Ihr Wissen im Unternehmen einbringen. In dieser Position schaffen Sie es, erfolgreich zu sein und Sie erreichen Ihr gewünschtes Ziel.

Grundlage für Erfolg ist eine positive Einstellung, die nicht nur mit der beruflichen Karriere einhergeht. Sie bestimmt das gesamte Leben und umfasst auch Ihre Beziehung, das Studium, sportliche Leistungen und viele weitere Bereiche. Mit einer positiven Einstellung, gelingt beispielsweise eine verbesserte Gesundheit, weil Sie selbst daran glauben, Dinge positiv zu sehen. Ihr starker Wille ist die Triebfeder, um Ehrgeiz zu entwickeln und mehr Leistung zu erbringen. Mit positivem Denken bringen Sie Körper und Seele in Einklang.

Das belegen sogar wissenschaftliche Studien. Denn mit einer positiven Denkweise können Sie Krankheiten vorbeugen und länger jung, fit und agil bleiben.

Durch positives Denken erfolgreich sein

Erfolg bedeutet nicht eine Aneinanderreihung von glücklichen Zufällen. Vielmehr stellt Erfolg die Basis dar, die viele Dinge und Gegebenheiten in Ihrem Leben verändert, wenn Sie positives Denken als Leitfaden nutzen. Wenn Sie erfolgreich im Beruf sind, verdienen Sie automatisch mehr Geld. Der finanzielle Erfolg sichert Ihnen geistige und seelische Gesundheit, weil Sie sich keine Sorgen darüber machen müssen, wie Sie die Kosten für Ihre Wohnung und Ihren Lebensstil decken, den nächsten Urlaub bezahlen oder die Abtragung für das Eigenheim bewerkstelligen sollen.

Sie haben weniger Stress und ein deutlich besseres Wohlbefinden. Das wirkt sich positiv auf Ihre Gesundheit aus und stärkt das Immunsystem. Ihre kognitive Leistungsfähigkeit wird durch positives Denken verbessert. Gleichzeitig stellt sich eine verbesserte Reizwahrnehmung ein. Zwischenmenschliche Beziehungen gestalten sich positiver, weil keine Belastungen den Blickwinkel beeinträchtigen und negativen Einfluss ausüben.

Positives Denken macht das Leben schöner, einfacher und angenehmer. Ein ganz wichtiger Aspekt sollte Ihnen klar sein. Die Vorteile von positivem Denken beruhen nicht auf Zufall oder Glück. Sie selbst sind die Person, die Erfolg und Glück beeinflussen. Erfolg ist eine Sache, die eng mit Ihrer Denkweise verbunden ist und mit einer positiven Einstellung einhergeht. Wichtig ist dabei, dass Sie trotz der positiven Auswirkungen immer realistisch bleiben und Ihre Grenzen kennen.

Dinge, die sich durch positives Denken nicht beeinflussen lassen

Es werden immer wieder Situationen auftauchen, wo sich Traurigkeit und Niedergeschlagenheit breit machen und die Gefühle für ein großes emotionales Durcheinander sorgen. Diese Reaktionen sind absolut menschlich. Sie sagen aber nichts darüber aus, ob Sie ein pessimistisch denkender Mensch sind, zu einer positiven Denkweise gewechselt haben oder bereits positiv Denken und noch weiter daran arbeiten möchten. Gefühlschaos, Traurigkeit und Niedergeschlagenheit treten immer wieder auf, gehören zum Leben und sollten daher angenommen und akzeptiert werden.

Der ungeliebte Gemütszustand lässt sich durch positives Denken beeinflussen und schneller überwinden. Nehmen Sie sich ruhig dieser Gefühle an und akzeptieren Sie diese. Ablehnen und verurteilen ist der falsche Weg. Niederlagen und Misserfolge machen Sie stärker und sind Lektionen im Leben, aus denen Sie lernen. Mehr Gesundheit durch positives Denken und eine positive Einstellung besagen nicht, dass absolute Optimisten nicht krank werden.

Durch ihren Optimismus bekommen diese Menschen eine Erkrankung aber schneller in den Griff. Erwiesenermaßen haben positiv denkende Menschen besondere Selbstheilungskräfte. Diese Gegenwehr gegen eine Krankheit entspringt der positiven Einstellung und der daraus entstehenden Stärke des Körpers und beruht auf einem clever agierenden, machtvollen Immunsystem.

Positiv denkende Menschen werden auch mit Problemen konfrontiert, die zufriedenstellend gelöst werden müssen. Genauso wie Sie haben diese Menschen viele Aufgaben im Job zu bewältigen, müssen sich mit einer unvermeidlichen Kündigung oder mit Intrigen auseinandersetzen und damit fertig werden. Menschen mit einer positiven Denkweise überlegen, ob die Situation ein Problem darstellt oder neue Türen für eine einzigartige Herausforderung öffnet.

Das vermeintliche Pech kann mit der richtigen Haltung sogar wahres Glück bedeuten, wenn Sie die Veränderung als Hürde zu Ihrem Erfolg und nicht als Problem sehen.

Positives Denken ist einem speziellen Menschenschlag vorbehalten

Verabschieden Sie sich von dem Gedanken, dass nur optimistische Menschen erfolgreich sind, weil diese mit besonderen Eigenschaften auf die Welt gekommen sind oder diese durch das Umfeld erlernt haben.

Diese Annahme ist nämlich falsch! Positives Denken und der damit verbundene Erfolg liegt in Ihren Händen, selbst wenn Sie meinen, das Pech für sich gepachtet zu haben. Verabschieden Sie sich von negativen Denkweisen und versuchen Sie positiv zu denken. Positives Denken ist erlernbar. Dabei spielt das Alter keine Rolle. Auch im fortgeschrittenen Alter können Sie eine positive Sichtweise auf unterschiedliche Dinge erlangen, wenn Sie dazu bereit sind, dieses immer wieder zu üben.

Die Regelmäßigkeit der Wiederholung von positiven Gedanken führt letztendlich zu einem Automatismus, der eine neue Konditionierung der Denkweise ergibt. Erfolgreich umsetzen lässt sich eine Veränderung der Denkweise mit folgenden Dingen:

- **Grübelfallen ausschalten** – wer sich zu viel im Kreis dreht und sich ständig durch negative Gedanken blockiert, verhindert den Zugang zu positivem Denken. Sie treten auf der Stelle und kommen kein Stück voran. Wenn Sie von Sorgen und zu viel Grübeln am positiven denken gehindert werden, sollten Sie einmal Meditation ausprobieren. Durch das Loslassen von Gedanken, die Konzentration auf die Atmung und den eigenen Körper erlangen Sie die Kontrolle über Ihre Denkfabrik und können diese positiv beeinflussen.

- **störende Gedanken reduzieren** – Glaubenssätze und Grundannahmen verhindern, dass Sie eine positive Sichtweise auf Ihr Leben erlangen. Sie sorgen dafür, dass Ihnen immer wieder schlechtes widerfährt. Überdenken Sie doch einfach einmal bestimmte Redewendungen, die Sie immer wieder verwenden. Auf dem Weg zu einer positiven Denkweise sind diese schnell lokalisiert. Sind solche Worte und Sätze aufgestöbert, lassen sich diese aus dem Wortschatz eliminieren.

Neben den auffälligen Worten gibt es auch solche, die sich sehr gut tarnen und selbst beim zweiten oder dritten Blick nicht erkennbar sind. Ein Coach oder ein Therapeut sind gute Anlaufstellen, um diese störenden Gedanken ausfindig zu machen und aus dem Kopf zu verbannen.

- **Bewusstsein für Körper und Seele stärken** – um mehr Bewusstsein für sich selbst zu erlangen, sind beispielsweise Achtsamkeits- und Yogaübungen interessant. Sie verbessern damit Ihr Körpergefühl, weil Ihre Sinne präziser arbeiten und sich dadurch eine bessere Feinfühligkeit einstellt. Die neu erlangten Fähigkeiten erlauben Ihnen, das Etablieren einer positiven Grundhaltung, die auf Dauer bestehen bleibt. Diese Wirkung erzielen Sie, indem Sie die Übungen mit einer kontinuierlichen Regelmäßigkeit durchführen. Nach und nach entwickeln Sie sind vom Lehrling zum Gesellen und anschließend zum Meister! Nur wer am Ball bleibt, wird mit positivem Denken erfolgreich sein.

Schenken Sie Ihrem Erfolg Beachtung. Er ist nicht nur für auserwählte Menschen bestimmt, sondern steht jedem Menschen zu, der erfolgreich und glücklich sein möchte. Öffnen Sie Ihre Augen und stärken Sie Ihren Willen zum Durchhalten. Der Erfolg steht schon in den Startlöchern. Sie müssen nur die Chancen ergreifen und endlich anfangen positiv zu denken.

Die Aufwärtsspirale

Wenn Sie sich einmal Gedanken über das Leben machen, stellt sich schnell die Erkenntnis ein, dass sich Dinge verbessern oder verschlechtern. Schnell taucht dabei die Frage auf, wann beziehungsweise zu welchem Zeitpunkt sich eine Verbesserung oder Verschlechterung einstellt. Verbessert sich eine Situation nur um einen Prozentpunkt als das sie sich verschlechtert, geht es grundsätzlich bergauf. Das hört sich doch sehr gut an! Sie benötigen nur ein Prozent mehr positives als negatives. Das zu erreichen, dürfte doch gar nicht so schwer sein!

Und jetzt kommt die gute Nachricht: Schwierig ist es nicht! Fangen Sie nur einfach an, mehr Positives in Ihr Leben zu integrieren. Gelingen wird Ihnen das mit positivem Denken! Daher sollten Sie sich folgenden Satz gut merken:

„Für eine positive Entwicklung Ihres Lebens brauchen Sie nur zu 51 Prozent positiv zu denken!"

Gerade in vermeintlich negativen Situationen hören Sie immer wieder, dass Sie positiv denken sollen. Doch gerade fällt Ihnen genau das immens schwer. Haben Sie sich schon einmal Gedanken darüber gemacht, was positives Denken eigentlich ist? Es gibt Menschen, die Dinge einfach schön reden und über das Negative nicht mehr nachdenken. Damit werden die negativen Dinge verdrängt. Mit positivem Denken hat das aber nichts zu tun, da sich die Grundlage dafür ganz anderes gestaltet. Erst wenn Sie das Beste aus der aktuellen Situation machen, denken Sie positiv!

Sie packen die Gelegenheit beim Schopf und ergreifen die Möglichkeit, für die Zukunft daraus zu lernen. Auch das ist positives Denken! Dementsprechend geht es bei positivem Denken darum, Situationen anzunehmen wie sie sind, das Beste daraus zu machen und zu lernen.

Ein kleines Beispiel: *Sie haben mit Ihrem kleinen Unternehmen viel Geld verloren und dadurch eine mächtige Pleite hingelegt. Gleichzeitig steht der private Umzug in eine andere Stadt an, der Ihnen die letzte Kraft raubt, die Sie noch aufbringen können.*

Beide Situationen zusammengenommen bieten Ihnen einen Weg, woraus Sie viel lernen können. Durch den finanziellen Verlust und den Umzug sind Sie dazu gezwungen, sich neu zu orientieren, Ihr Leben neu einzurichten und auf andere Weise Geld zu verdienen.

Plötzlich stellt sich die Erkenntnis ein, dass Sie an dem Punkt angelangt sind, den Sie immer erreichen wollten. Sie haben eine Veränderung geschaffen mit positivem Denken und haben die schwierigen Aufgaben gemeistert. Sie haben den richtigen Weg in Richtung Erfolg eingeschlagen!

In allen Situationen steht daher folgende Frage an erste Stelle: „Wie mache ich das Beste aus der Situation und was kann ich daraus lernen?" Mehr brauchen Sie nicht, um Erfolg durch positives Denken zu erlangen.

Wie kommen Sie in diese Aufwärtsspirale?

Bevor Sie sich Gedanken darüber machen, wie Sie in diese Aufwärtsspirale gelangen, benötigen Sie das Wissen darum, was eine Aufwärtsspirale ist und was diese Ihnen überhaupt bringt. Dafür brauchen Sie keine wissenschaftlichen Texte oder Fachbücher, da es eine ganz einfache Erklärung gibt. Mit der Aufwärtsspirale verhält es sich ähnlich wie mit Reichtum und Armut, wo reiche Menschen immer reicher werden und arme Menschen immer ärmer. Wird diese einfache Deutung auf positives Denken projiziert, ergibt sich schnell die Antwort. Denn durch eine positive Denkweise erhalten Sie eine positivere Einstellung zu allen Dingen. Als Folge daraus ergibt sich, dass Sie immer erfolgreicher und positiver werden.

Im Umkehrschluss bedeutet das aber, dass Sie durch eine negative Denkweise das Pech anziehen und Erfolge ausbleiben. Beide Situationen sind wie eine Spirale gestaltet. Befinden Sie sich in einer Aufwärtsspirale, erlangen Sie durch Ihre positive Einstellung und die damit verbundene Denkweise Erfolg in der Liebe, im Job und in vielen anderen Dingen.

Indem Sie immer positiver über Ihr Leben denken, stellen sich weitere Erfolge ein, weil Sie diese wie ein Magnet anziehen. Die Abwärtsspirale funktioniert genauso, nur im umgekehrten Sinne. Die negativen Gedanken verhindern, dass Sie die Ihnen gebotenen Chancen ergreifen. Da alles schlecht läuft, stellen sich keine Erfolge ein. Schnell werden die bereits negativen Gedanken noch negativer. Sie ziehen dadurch das Pech förmlich an.

Die eigene Denkweise ist dafür verantwortlich, ob Sie sich in einer Aufwärts- oder Abwärtsspirale befinden. Wer erfolgreich sein möchte, muss positiv denken, das Selbstbewusstsein ausbauen, Ziele motiviert verfolgen, schlechte Gewohnheiten gegen gute austauschen und Rückschläge oder Misserfolge als Lernanstoß nutzen. Positives Denken, auch wenn es noch so schwerfällt, bringt Sie in die Aufwärtsspirale. Positives Denken ist der Grund dafür, dass reiche Menschen immer reicher werden. Geld ist dabei das Spielzeug. Diese Menschen wissen genau, wie sie es einsetzen müssen, um Gewinne zu generieren. Verluste gibt es zwar auch. In ihrem Spiel geht es darum, zu gewinnen und nicht zu verlieren.

Das ist doch sicher auch für Sie eine tolle Vorstellung, immer mehr Geld zu besitzen und dieses zum tollen Spielzeug zu machen.

Die innere Einstellung ist Grundlage für positives Denken

Sie kennen auch die berühmte Frage, ob das Glas halb leer oder halb voll ist. Mit der jeweiligen Antwort auf diese einfache Frage bringen Sie sehr wahrscheinlich Ihre Einstellung zu Ihrem eigenen Leben zum Ausdruck. Denn halb voll oder halb leer zeigt, ob Sie ein Mensch mit guten oder mit schlechten Gedanken sind. Eine bejahende Denkweise hat einen tollen Effekt auf jeden einzelnen Bereich in Ihrem Leben. Sie nimmt Einfluss auf Erfolg, Zufriedenheit und Glück. Wer zufrieden und glücklich ist, strahlt dieses auch durch das Selbstbewusstsein aus. Sie sind auf der Gewinnerseite, erreichen alles, was Sie in Angriff nehmen. Sie haben Erfolg im Job, finanzielle Unabhängigkeit und ein glückliches zufriedenen Privatleben.

Etwas zum Nachdenken: *Es gab garantiert in letzter Zeit Situationen, worüber Sie tagelang nachgedacht haben. Es war vielleicht eine Äußerung von Ihrem Lebenspartner oder Ihrem Chef oder ein Streit mit einem guten Freund, der Ihre Stimmung und Gefühle negativ beeinflusst haben. Damit gab es keinen Raum mehr für andere Gedanken, weil diese Stimmung alles ausgefüllt hat. Sind Sie öfter in einer solchen Situation gefangen, befinden Sie sich in der Schlinge von negativen Gedanken. Sie werden davon immer weiter nach unten gezogen und vergessen komplett, das Leben zu genießen. Schnell macht sich Pessimismus breit und genau diese Negativität strahlen Sie aus.*

Sie sind mit Ihren Gedanken nicht in der Gegenwart, sondern beschäftigen sich andauernd mit anderen Dingen, während das Leben im Hier und Jetzt traurig lächelnd an Ihnen vorbeizieht.

Das Ausblenden ist ein alter Urinstinkt der menschlichen Vorfahren. Wenn sie beim Jagen einem Raubtier begegnet sind, hat das Gehirn ganz automatisch „Gefahr" signalisiert und alle anderen Dinge ausgeblendet, damit die Flucht erfolgreich ergriffen werden konnte.

Dieser Zustand beschränkt die Denkweise und sorgt dafür, dass Sie sich nur auf eine bestimmte Sache konzentrieren. Dieses passiert auch bei Negativität, weil Sie Ihre Optionen limitiert, die Produktivität verringert und die Erfolgsaussichten einschränkt. Ein Satz von Gottfried Benn bringt diesen Zustand perfekt auf den Punkt:

Zitat: *„Pessimismus ist der Strandkorb des Unproduktiven!"*

Zuversicht – geballte Kraft für positives Denken und Optimismus

Jeder kennt die Aussage: „Die Hoffnung stirbt zuletzt!" Genau dieser kurze Satz spornt Menschen an, wie die damit einhergehende Zuversicht, dass ein Vorhaben gelingt und Probleme beseitigt werden. Im ersten Moment mag dieser Optimismus nach Schönreden klingen. Zuversicht ist eine oftmals unterschätzte Eigenschaft, die nicht in Verbindung mit der rosaroten Brille steht. Vielmehr schafft sie es, Ihre Weltsicht zu verändern und Ihnen Gesundheit sowie Erfolg zu bescheren.

Die Wissenschaft befördert immer mehr Belege zutage, dass der Optimist und Zuversichtliche sich selbst und auch anderen einen großen Gefallen erweist. Bereits Lucius Annaeus Seneca, ein römischer Philosoph hat das erkannt.

Zitat: *„Vollständige Sorglosigkeit und eine unerschütterliche Zuversicht sind das Wesentliche eines glücklichen Lebens."*

Heute sind weitere Vorteile des Optimismus bekannt:

- Mit der Einsicht auf Aussicht lassen sich Schicksalsschläge schneller und leichter überwinden sowie neuen Lebensmut schöpfen. Depressionen sind bei lebensbejahenden Menschen eher selten anzutreffen. Denn sie sehen auch in negativen Dingen etwas Positives und nutzen schlechte Erlebnisse, um daraus zu lernen.

- Ein weiterer Aspekt von Optimismus ist ein gefestigter Glaube an sich selbst und die eigene Zukunft. Genau dieser Glaube wirkt positiv auf den Körper und aktiviert Selbstheilungskräfte. Es ist nachgewiesen, dass die Immunabwehr von Optimisten besser funktioniert. Schmerzen werden weniger intensiv gespürt. Auch die Erholung verläuft deutlich schneller. Belegt wird dieses durch Experimente mit Nocebos und Placebos.

- Die positive Sichtweise von Optimisten sorgt dafür, dass sie durchschnittlich über ein größeres soziales Netzwerk verfügen als Menschen mit einer negativen Denkweise.

Zusammengefasst ergibt sich daraus die Schlussfolgerung, dass Optimismus und Zuversicht eine enorme Energiequelle für Körper, Psyche und Seele ist. Was bedeutet aber zuversichtlich zu sein? Bereits die Bibel berichtet darüber, dass „der Glaube Berge versetzen kann". Daher ist ein Optimist kein Träumer, der einfach die Schattenseiten des Lebens ausblendet. Ganz im Gegenteil!

Er ist Realist und kennt die Risiken, die er immer wieder von allen Seiten genau betrachtet und abwägt. Dazu hat er den Mut, Handlungen konsequent zu verfolgen und handlungsfähig zu bleiben. Der gute Ausgang ist die Grundannahme. Es gibt typische Synonyme die im Zusammenhang mit Zuversicht Verwendung finden.

- Optimismus
- Gottvertrauen
- Glaube
- Hoffnung
- Zukunftsglaube
- Lebensmut
- Zufriedenheit
- Zutrauen
- Daseinsfreude

- Lebensbejahung
- Fortschrittsglaube
- Lebensfreude

Einige davon bringen zum Ausdruck, dass Zuversicht eng mit der inneren Einstellung verbunden ist. Zwei Eigenschaften sind dementsprechend für Optimismus, positives Denken und Zuversicht extrem wichtig:

1. Tief verwurzeltes Vertrauen

Es ist die Grundlage dafür, dass sich Dinge so entwickeln, wie Sie es sich erhoffen und wünschen, ganz gleich welche widrigen Umstände auftreten, unabhängig von Ihrem Tun und Können.

2. Selbstvertrauen

In der Psychologie wird in diesem Zusammenhang von Selbstwirksamkeitserwartung gesprochen. Auch wenn im ersten Punkt das eigene Können und Handeln noch keinen Stellenwert einnimmt, ist der Zuversichtliche der Überzeugung, dass er einen wirksamen Beitrag leistet und die ihm gestellte Aufgabe bewältigen kann. Dieses Selbstvertrauen stattet ihn mit Wagemut und Kühnheit aus.

Habe Sie einmal darüber nachgedacht, warum Sie den aktuellen Job bekommen haben? Wenn Sie ein zuversichtlicher Mensch sind, lautet Ihre Antwort folgendermaßen: „Weil ich gut bin!" Für manche mag das wie aufkommender Narzissmus klingen. Optimisten hören sich vielleicht manchmal so an. Bei genauerer Betrachtung zeigt sich aber, dass dahinter weniger Skepsis und Zweifel an den eigenen Fähigkeiten stecken. Zuversichtliche Menschen gestalten sich eine selbsterfüllende Voraussage.

Mit diesen Dingen lässt sich Zuversicht erlernen

Rund 30 Prozent Zuversicht sind genetisch in Ihrem Charakter bereits verankert. Der restliche Teil ergibt sich durch positive Erfahrungen und eigene Entscheidungen. Demnach haben Sie die Wahl, Dinge positiv oder negativ zu betrachten, mit Zuversicht und Hoffnung eine Sache anzugehen oder starke Angst und Selbstzweifel zu schüren.

Egal, welche Grundhaltung Sie im Moment haben. Ausschlaggebend ist, dass Sie auch nachträglich eine glückliche und zufriedene Lebenseinstellung erlangen können. Die Desasterforschung hat herausgefunden, dass Menschen, die über hohe psychische Widerstandskraft verfügen, Probleme beschönigen und Unheil durch eine rosarote Brille betrachten. Genau diese Menschen sind es, die konstruktiv mit Schmerzen und Tragödien umgehen. Dieses gelingt ihnen, weil sie eine optimistische Grundeinstellung haben. Sie handeln nach dem Motto: „Auch wenn gerade alles schrecklich ist, morgen ist ein neuer Tag!"

Mit dieser Einstellung ist die Krise nur halb so schlimm und wird sich auf einen bestimmten, überschaubaren Zeitraum begrenzen. Die Psychologie hat für Sie einige Ratschläge, wie Sie zuversichtlicher werden:

- An die eigenen Erfolge erinnern, um Zuversicht zu lernen: Fehler sind nicht nur negativ, sondern haben auch etwas Gutes. Denn aus ihnen können Sie lernen. Mitunter sind Scheitern und Fehltritte die besten Lehrherren. Ist etwas völlig aus dem Ruder gelaufen, wird sich hingesetzt, zurückgeblickt, das Missgeschick analysiert und Rückschlüsse daraus gezogen. Beim nächsten Mal machen Sie es besser! Wie sieht es aber mit Ihren Erfolgen aus? Bei ihnen nehmen Sie sich nicht die Zeit zum Nachdenken und Analysieren. Damit beschneiden Sie sich selbst und verkleinern den Blickwinkel. Am Ende betrachten Sie völlig zerknirscht den Scherbenhaufen und versuchen das „warum" zu verstehen. Erfolge bieten auch viel Lernpotenzial. Denn Sie lernen, dass sich Erfolge reproduzieren lassen. Damit fördern Sie Ihre Selbstwirksamkeitserwartung.

- Vorbilder suchen, um Zuversicht zu lernen: Vorbilder schaffen es, Ihnen Sicherheit, Motivation und Orientierung zu geben. Das Vorbild nutzen Sie dazu, um Verhaltens- und Denkweisen zu adaptieren. In Fachkreisen wird das als „soziales Lernen" bezeichnet und hat eine große Wirkung auf Ihre Zuversicht. Andere können es ja offensichtlich auch. Daraus erwächst mentale Stärke, mit der Sie an eigene, vergangene und vergleichbare Situationen anknüpfen können.

- Schwarzseher sind kein guter Umgang: Schwarzseher und negativ denkende Menschen haben großen Einfluss auf Ihre Weltsicht und Ihr Wohlbefinden. Damit sind nicht die Kritiker gemeint, die Ihnen gute Gegenargumente liefern, sondern die notorischen Negativmenschen und Unzufriedenen. Sie verstärken die Dinge, die Sie niederdrücken und reißen Sie mit in den Abgrund, wenn Sie sich darauf einlassen.

- Treffen Sie Ihre eigenen Entscheidungen, stehen Sie dazu und handeln Sie dementsprechend. Ihre Entscheidung beruht auf Ihrer eigenen

Perspektive und Ihrem eigenen Willen. Sie wollen doch an den Erfolg glauben und alle Möglichkeiten ausschöpfen? Dazu bedarf es Entscheidungen, aktiv werden und konsequent handeln. Wenn Sie glauben und hoffen, werden Sie die Hände nicht in den Schoß legen und abwarten. Das machen nur Opfer.

Warum werden Erfolge so selten zum Lernen genutzt? Mit Erfolgen ist das so eine Sache, da sie folgendes bewirken:

1. Sie sind der Grund, warum Menschen überoptimistisch werden. Sie freuen sich, dass Sie die Aufgaben bewältigt oder das Ziel erreicht haben, werden euphorisch und entwickeln vielleicht sogar einen unerschütterlichen Überoptimismus, der Ihnen weiß macht, dass Sie den Erfolg ohne Ende reproduzieren können. Kurz gesagt, werden Sie überheblich und arrogant. Die Gefahr, die dort lauert, sind geistige Trampelpfade, aus denen schlechte Gewohnheiten und ein falsches Regelwerk entstehen. Ihr Motto lautet: „Ich habe das immer so gemacht und es hat immer funktioniert!"

2. Erfolge hinterfragen Sie nicht.

Immer wieder verändern sich Dinge, genauso wie Zeiten. Deshalb müssen Sie sich immer wieder auf Veränderungen einstellen und an andere Umstände anpassen. Läuft alles gut, wird oftmals das Hinterfragen völlig vergessen. Was Sie so erfolgreich gemacht hat, wird nicht mehr gesehen, genauso wenig wird geschaut, ob der damalige Erfolg auch für die Zukunft gilt.

3. Erfolge schränken die Möglichkeit zu lernen ein.

Menschen sind bequem und Gewohnheitstiere. Solange alles rund läuft, wird keine Notwendigkeit darin gesehen, einmal genauer hinzuschauen und eventuell etwas zu verändern. Dumm ist nur, wenn die erfolgreiche Zeit auf einmal endet. Warum passiert das gerade jetzt? Wichtig ist die Erkenntnis! Neben dem Erkennen von Mustern müssen Sie wachsam genug bleiben, um rechtzeitig mitzubekommen, wann Sie Ihre Parameter anpassen müssen. Nach einem Misserfolg sehen Sie ganz deutlich, dass Sie etwas ändern müssen.

Studie der Psychologin Fredrickson zum Thema positives Denken

Viele verschiedene wissenschaftliche Studien haben sich mit positivem Denken beschäftigt. Besonders interessant ist aber die Studie von Barbara Fredrickson. Die US-amerikanische Psychologin hat sich damit beschäftigt, welche Auswirkungen positives Denken auf das Leben hat. An der North Carolina University wurden dafür spannende Experimente durchgeführt und die Auswirkungen von positivem Denken auf das Gehirn getestet. Die Probanden wurden für den Versuch in 5 Gruppen aufgeteilt. Anschließend schauten sich die Teilnehmer jeweils einen Filmclip mit negativen, positiven und neutralen Emotionen an. Eine Unterteilung gab es zudem bei den Filmclips.

Die erste und zweite Gruppe schauten einen Kurzfilm, der die Emotion „Freude" und Emotion „Zufriedenheit" hervorruft. In der dritten Gruppe gab es einen Film, der keine Emotionen verursacht. Die Testgruppe vier und fünf schauten Filme, die Emotionen wie „Angst" und „Ärger" auslösen.

Anschließend sollten sich die teilnehmenden Personen in eine Situation hineinversetzen, in der sie die gleichen Emotionen empfinden, die der Filmclip bei ihnen ausgelöst hat und aufschreiben, wie sie in der Situation handeln würden. Beim Aufschreiben war die Aufgaben, alle Sätze mit den Anfangsworten „Ich würde gerne…" zu beginnen.

Die Aufzeichnungen brachten nach der Auswertung ein überraschendes Ergebnis. Die beiden Gruppen mit dem Clip mit positiven Emotionen beschreiben in den Aufzeichnungen die meisten Handlungsoptionen. Es waren sogar mehr als bei der dritten Gruppe, die den Film schauten, der keinerlei Emotionen auslösen sollte. Im Gegensatz dazu waren die Aufzeichnungen der beiden Gruppen, die den Filmclip mit negativen Emotionen anschauten, sehr kurz und knapp gehalten. Die Studie zeigt, dass positive Emotionen den Handlungsspielraum um ein Vielfaches erweitern. Sie erhalten mehr Weitblick, sind offener für verschiedene Chancen, die das Leben für Sie bereithält, gehen kreativer an den Problemlösungsprozess heran und befreien sich von dem Tunnelblick.

Die enge Verbindung zwischen positivem Denken und Erfolg

Die beschriebene Theorie bezeichnet die Psychologin Fredrickson als **„broaden and build theory"**. Hinter der Bezeichnung verbirgt sich ein tieferer Sinn. Denn durch positives Denken erweitern Sie nicht nur Ihren Horizont und den Handlungsspielraum. Vielmehr erlangen Sie neue Fähigkeiten, die Sie in vielen Lebensbereichen sinnvoll nutzen können.

Deutlich wird das, wenn Sie sich einfach einmal in Ihre Kindheit zurückversetzen, als Sie den ersten Kontakt mit anderen Kindern hatten. Diese Begegnungen haben dazu geführt, dass Sie sich soziale Fähigkeiten wie kommunikative Qualifikationen und Empathie angeeignet haben. Durch spielerisches Entdecken erfolgte das Lernen. Es wurde Ihre Neugier geweckt und der Kreativitätssinn erweitert. Gleichzeitig kam es zu einer Entwicklung von psychologischen Fähigkeiten, wozu auch die Ausdauer zugehört. Ihre erlernten Fähigkeiten und Qualifikationen machen Sie zu dem Menschen, der Sie heute sind. Gleichzeitig tragen sie dazu bei, dass Sie erfolgreich sind.

Manifestieren Sie den Gedanken in Ihrem Kopf, dass eine bejahende Denkweise nicht nur ein Glückszustand ist, der lange erhalten bleibt. Vielmehr ist positives Denken eine langfristig wirkende Macht, Ihr Leben positiv zu gestalten und ihm gleichzeitig einen höheren Stellenwert zu geben. Positives Denken bringt Sie dazu, selbsterfüllter zu leben und mit Ihnen selbst zufrieden zu sein.

Haben Sie das gewusst? Herbeigeführte Glücksgefühle durch positive Gedanken führen deutlich eher zum Erfolg! Nicht andersherum! Diese Erkenntnis beruht auf einer Studie, die mit über 257.000 Teilnehmern durchgeführt und in der wissenschaftlichen Fachzeitschrift „Psychological Bulletin" veröffentlicht wurde. Damit gibt es einen Beleg dafür, dass glückliche Menschen beliebter, selbstbewusster und energiegeladener sind. Und genau das ist es, was diese Menschen insgesamt so erfolgreich macht!

Positives Denken trainieren und eine bessere Lebensqualität erlangen

Positives Denken stärkt Ihr Selbstvertrauen. Sie können Ihre gesetzten Ziele verwirklichen, mehr Erfolg haben, Karriere machen und ein starkes Selbstbewusstsein erreichen. Zudem gibt es positive Nebenwirkungen, die sich erfolgversprechend darstellen:

- Sie können neue Fähigkeiten entdecken und lernen Chancen zu erkennen.
- Sie haben ein breiteres Spektrum an Möglichkeiten zur Auswahl.
- Sie besitzen eine bessere Problemlösungskompetenz.
- Sie sind glücklicher und haben bedeutend mehr Energie.
- Sie sind kreativer.
- Sie sind resilienter.
- Sie haben durch das gestärkte Selbstbewusstsein eine positive, ansteckende Ausstrahlung.
- Sie wirken vertrauenswürdiger.
- Ihre zwischenmenschlichen Beziehungen sind auf einem befriedigenden Niveau angesiedelt.

- Negative Ereignisse haben nur wenig Einfluss. Stattdessen nutzen Sie diese als Erkenntnisse und neue Chance.
- Sie sind toleranter.
- Sie haben einen besseren Überblick über komplexe Sachverhalte und können diese einordnen.
- Sie erzielen bessere Ergebnisse in Prüfungen und Tests.
- Sie können sich durch Ihre Körpersprache aussagekräftiger und bewusster darstellen.
- Sie haben soziale Kompetenz, sind beliebter und erfolgreicher.
- Sie leben länger und sind gesünder. (Das ist sogar wissenschaftlich erwiesen)
- Sie sehen das „große Ganze" und haben dadurch im Beruf und auch privat Erfolg.

Also stecken Sie bei negativen Situationen und Ereignissen nicht den Kopf in den Sand. Nutzen Sie die Kunst des positiven Denkens, ziehen Sie Ihre Schlüsse aus den negativen Dingen und ergreifen Sie die Chance, die Ihnen geboten wird. Genau das bringt auch das alte Sprichwort aus Uganda zum Ausdruck.

Zitat: *„Wende Dein Gesicht der Sonne zu, dann fallen die Schatten hinter Dich!"*

Nur wer seinen Schatten hinter sich lässt und sich von der Negativität verabschiedet, hat den Blick frei für ein Leben voller Sonne, Energie und Lebensfreude.

In 25 Schritten positiv Denken lernen

Die innere Einstellung zu ändern und positives Denken für den eigenen Erfolg zu nutzen ist gar nicht so schwer, wie es vielleicht im ersten Moment aussieht. Sie brauchen dafür lediglich Motivation, Selbsterkenntnis und das große Ziel, endlich glücklich und erfolgreich zu sein.

1. *Akzeptanz lernen und sinnvoll nutzen!*

Der erste wichtige Schritt ist das Akzeptieren von Situationen und Ereignissen, die Sie sowieso nicht ändern können. Betrachten Sie diese lieber genauer und nutzen Sie diese zum Lernen. Der Ärger, der sich bei Ihnen einstellt, genauso wie die Gedanken, die Sie sich machen, bremsen Sie nur aus und vergeuden wertvolle Energie, die Sie deutlich sinnvoller nutzen können.

Befreien Sie sich von negativen Gedanken, indem Sie Lösungen für das jeweilige Problem aufschreiben. Damit treten Sie aus der Negativspirale heraus und gehen konstruktiver an das Ereignis oder das Problem heran.

2. Zeigen Sie sich Ihre Stärken und Schwächen auf und suchen Sie nach Verbesserungsvorschlägen für Ihre Schwächen!

Jeder Mensch ist mit Stärken und Schwächen ausgestattet, welche ihn in seiner Denkweise und Persönlichkeit beeinflussen. Immer wieder heißt es, dass Sie Ihre Stärken ausbauen sollten. Doch was machen Sie mit Ihren Schwächen? Sehen Sie diese nicht als Laster, sondern als Herausforderung, etwas zu verändern. Denn auch Schwächen sind ausbaufähig. Um damit arbeiten zu können, müssen Sie sich ihrer bewusst werden.

Da Schwächen oftmals einen bitteren Beigeschmack haben, will man ihnen gar nicht in die Augen schauen und lieber verdrängen. Situationen, in denen eine Schwäche zum Vorschein kommen könnte, werden galant vermieden. Wer sich aber seinen Schwächen stellt, sich damit auseinandersetzt und Lösungsmöglichkeiten niederschreibt, hat es leichter, daran zu arbeiten. Sie haben sich durch das Aufschreiben bereits Gedanken gemacht und mit der Problematik auseinandergesetzt.

3. Täglich mindestens ein positives Ereignis aufschreiben!

Wenn Ihnen spontan ein positives Erlebnis einfällt, schreiben Sie dieses einfach auf. An einem Tag passieren so viele Dinge, dass Sie schnell den Überblick verlieren und schöne Dinge schlichtweg vergessen. Das Aufschreiben von positiven Erlebnissen bauen Sie in Ihre täglichen Routinen ein. Jedes Mal, wenn Sie das Blatt Papier in die Hand nehmen, sehen Sie, dass ein Tag viele positive Erlebnisse hatte. Sie sind wie Sonnenstrahlen im tristen Alltag. Und ohne Sonne gäbe es niemals einen Schatten.

Info: *Haben Sie gewusst, dass das Journal of Research in Personality in einer Studie das Aufschreiben von positiven Erlebnissen untersucht hat? Insgesamt haben an der Studie 90 Probanden teilgenommen. Die Hälfte davon musste täglich ein positives Ereignis ausschreiben. Die andere Hälfte hingegen musste einen Text zu einem bestimmten Thema erstellen. Das Ergebnis der Studie ist eindeutig. Die Probanden, die täglich ein positives Erlebnis aufgeschrieben haben, verfügen über einen besseren Gesundheits- und Gemütszustand als die anderen Teilnehmer.*

4. Belohnen Sie sich, wenn ein Ziel erreicht ist!

Der Mensch ist sich im Allgemeinen gar nicht bewusst darüber, was er eigentlich an einem Tag alles erreicht und leistet. Das beginnt morgens früh mit dem Aufstehen und dem Alltag, der danach folgt. Alleine diese Meisterleistung ist schon Grund genug für eine Belohnung.

Indem Sie sich belohnen, steigern Sie Ihre Motivation und gehen positiver an unterschiedliche Aufgaben heran. Visualisieren Sie die Belohnungen, indem Sie diese genauso, wie wichtige Termine in Ihrem Kalender aufschreiben. Es gibt viele Möglichkeiten, sich selbst zu belohnen.

➤ ein Konzert besuchen
➤ mit Freunden essen gehen
➤ ein Kinobesuch
➤ ein Wellnesstag in der Sauna
➤ ein neues spannendes Buch kaufen
➤ einen coolen Städtetrip, wenn ein größeres Ziel erreicht ist

Belohnungen, positive Erlebnisse, Ihre Stärken und Schwächen können Sie auch in einem Motivationsbuch aufschreiben. So haben Sie alle wichtigen Punkte an einem Ort zusammengefasst, können immer wieder hineinschauen und feststellen, wie sich Ihr Denken verändert hat. Jeden wichtigen Punkt, den Sie abgearbeitet haben, können Sie durchstreichen und klar erkennen, dass sich etwas bewegt. Es fühlt sich einfach gut an!

5. Nutzen Sie andere Menschen als Inspiration

In Ihrem Umfeld gibt es garantiert Personen, die Sie sehr inspirierend finden. Genau diese Personen sind es, die Sie Ihrem positiven Denken ein Stück weit näher bringen. Mindestens so viel Inspiration finden Sie in Büchern, Liedtexten, Filmen und kleinen Geschichten. Nutzen Sie kleine Lebensweisheiten, um das positive Denken zu fördern. In Ihre Morgenroutinen eingebunden geben Sie Ihnen das richtige Rüstzeug für den Tag mit auf den Weg, sodass Sie gut gelaunt und voller Energie in den Tag starten.

6. Schauen Sie bei Ihrer Wortwahl genau hin und verbannen Sie negative Wörter aus Ihrem Wortschatz!

Es gibt Menschen, denen ist Zynismus in großen Lettern auf die Stirn geschrieben. Zu finden sind solche Personen auf der Arbeit, in sozialen Netzwerken und sogar im privaten Umfeld. Zu 80 Prozent drehen sich Gespräche mit ihnen um ihre Lebensgeschichte. Dabei steht im Vordergrund, wie krank sie sind und wie schlecht es ihnen geht. In jedem Satz verbirgt sich eine Beschwerde oder Kritik. So möchten Sie doch garantiert nicht auf andere wirken. Denken Sie immer daran, dass Negativität schlimmer als eine ansteckende Krankheit ist.

Tipp: *Versuchen Sie ab sofort ganz bewusst zu sprechen und Ihre Wörter gut auszuwählen. Vermeiden Sie ständiges Jammern und Nörgeln sowie negative Adjektive. Keiner umgibt sich gerne mit Menschen, die durch und durch negativ sind.*

Natürlich dürfen Sie immer noch über einen schlechten Tag schimpfen. Das ist besser, als den Frust herunterzuschlucken. Er ist schwer verträglich und liegt Ihnen schwer im Magen.

Haben Sie sich genug aufgeregt, sollten Sie am Ende über die Situation oder das Erlebnis lachen. Humor und Lachen befreit und sorgt dafür, dass Sie selbst den schlechtesten Tag gut überstehen.

7. Verwandeln Sie Negatives in nutzbringende Ideen!

Machen Sie sich klar, dass Ihre Gedanken Ihre Lebensweise bestimmen. Auch wenn Sie jetzt gerade eine schwierige Phase durchmachen, sollten Sie immer die Kontrolle über Ihre Gedanken haben. Ihre Gedanken kontrollieren Sie am besten, wenn Sie sich das nächste Mal vor Augen führen, dass sich negative Gedanken eingeschlichen haben. Eine einfache Faustregel hilft Ihnen dabei, negative Gedanken zu entlarven und mit positivem Denken zu beginnen.

„Sagen Sie nichts zu sich selbst, was Sie nicht auch anderen sagen würden!"

Ein kleines Beispiel: Anstatt zu denken, dass Sie von Ihrer neuen Kollegin nicht gemocht werden, denken Sie besser, dass alles gut laufen wird. Sich Sorgen machen ist menschlich! Damit führen Sie eine positive Sichtweise herbei.

Wie sagte Buddha einst sehr weise:

Zitat: *"The mind is everything. What you think you become!"*

8. Lachen Sie öfter über sich selbst und lächeln Sie Ihre Mitmenschen an!

Wer eine andere Person anlächelt, bekommt ein Lächeln zurück! Mit Lächeln und Lachen wird eine positive Lebensweise und positives Denken verbunden. Starten Sie ruhig einmal ein kleines Experiment. Über das Ergebnis werden Sie erstaunt sein! Lächeln Sie doch einfach eine wildfremde Person an der Bushaltestelle oder in der Straßenbahn auf dem Weg zur Arbeit an und schauen Sie, wie diese Person reagiert. Sicher bekommen Sie ein Lächeln zurück, weil Sie als positiver Mensch wahrgenommen werden. Das kleine Lächeln der fremden Person fördert Ihr positives Denken und hebt Ihre Laune.

9. Drücken Sie mit Ihrer Körperhaltung Ihre positive Einstellung aus!

Ihre Körperhaltung ist das Spiegelbild Ihrer Denkweise. Andere Menschen können daran ablesen, ob Sie positiv oder negativ denken. Menschen mit einer positiven Denkweise haben einen aufrechten Gang, halten die Schultern gerade und zeigen sich in Ihrer vollen Größe.

Wem es an Selbstbewusstsein und einer positiven Einstellung fehlt, zeigt dieses in einer gebeugten Körperhaltung, mit hängenden Schultern, um nicht aufzufallen. Sie suchen auch nicht den direkten Blickkontakt, sondern wenden die Blicke immer wieder ab. Starten Sie doch einmal einen Selbsttest. Treten Sie vor einen großen Spiegel, nehmen Sie eine kerzengerade Körperhaltung ein, strecken Sie das Kinn nach vorne und schauen Sie sich selbst in die Augen. Wie fühlt sich das an? Schnell spüren Sie, dass sich Ihre Stimmung positiv verändert und Sie Energie und Tatendrang versprühen. Genau das Gleiche passiert, wenn Sie den Kopf einziehen, die Schulter hängen lassen und sich klein machen, nur im umgekehrten Sinne. Sofort spüren Sie Niedergeschlagenheit und Energielosigkeit.

Da die Körperhaltung Ihre Gedanken beeinflusst, sollten Sie diese immer wieder kontrollieren. Durch positives Denken stellt sich ganz automatisch eine gute, aufrechte Körperhaltung ein, weil Sie keine Angst davor haben, sich einer neuen Herausforderung zu stellen. Mit einer aufrechten Körperhaltung erzeugen Sie nicht nur ein selbstbewussteres Bild, sondern strahlen auch Selbstbewusstsein aus.

10. Lesen Sie öfter positive Nachrichten!

Wenn Sie die Tageszeitung durchblättern oder im Internet nach Informationen und News schauen, finden Sie fast ausschließlich Hiobsbotschaften und negative Schlagzeilen. Sie fühlen sich niedergeschlagen, weil die Welt anscheinend nur noch aus Gewalt, Terror, Krieg, Verbrechen und wenig konstruktiven Polit-Debatten besteht. Es gibt auch ganz viele schöne Dinge auf dieser Welt. Wer nur „positive Nachrichten" verfolgt, findet viele schöne Ereignisse, über die täglich berichtet wird. Sie stehen im genauen Gegensatz zu den kommerziellen Nachrichten und sorgen für ein positives Gefühl.

11. Setzen Sie sich langfristige Ziele und überlegen Sie, warum Sie genau dieses Ziel erreichen wollen!

Um nicht sinnfrei in den Tag hineinzuleben, sind Ziele genau der richtige Weg. Neben langfristigen Zielen sollten Sie sich auch kleine Ziele suchen. Sie sind ein Ansporn, verleihen Lebensqualität und fördern die Selbstmotivation. Das Motivationsbuch ist ein guter Platz, um Ihre Ziele aufzuschreiben und sie sich immer wieder vor Augen zu führen. Schreiben Sie neben dem Ziel auch auf, warum Sie unbedingt genau dieses Ziel erreichen möchten. Langfristige Ziele sollten Sie in kleinere Zwischenziele unterteilen. Die Teilerfolge sorgen dafür, dass Sie am Ball bleiben. Sie sehen, wie Sie Ihrem großen Ziel immer ein Stück näher kommen.

12. Ein gesunder Lebensstil steht in enger Verbindung mit Körper und Psyche

Heute ist es kein großes Geheimnis mehr, dass Sport und Bewegung glücklich machen. Der Körper setzt bei sportlichen Aktivitäten Endorphine frei, die Ihnen ein Glücksgefühl bescheren. Sport und Bewegung können noch viel mehr! Beides verändert auch Ihren Körper. Sie bauen Muskeln auf, bekommen ein definiertes Erscheinungsbild und wirken dadurch deutlich selbstbewusster. Wenn Sie in den Spiegel schauen, gefällt Ihnen das, was Sie sehen. Dafür müssen Sie nicht zwangsläufig in ein Fitnessstudio gehen. Machen Sie regelmäßig eine lange, ausgedehnte Radtour und gehen Sie täglich mindestens 10.000 Schritte. Es wird sich ein anderes Körpergefühl einstellen und eine bejahende Denkweise ergeben. Als schöner Nebeneffekt verbessert sich Ihre Gesundheit. Binden Sie Bewegung und sportliche Aktivitäten in Ihren Tagesablauf mit ein. Achten Sie auch auf Ihre Ernährung. Anstatt Burger, Pizza & Co. sollten Sie sich gesund und ausgewogen ernähren. Im Bezug auf das Wohlbefinden und die Psyche spielt die Ernährung eine tragende Rolle.

Wenn Sie sich in Ihrem Körper wohlfühlen, hat dies positive Auswirkungen auf Ihre Psyche.

Zitat: *„Man muss dem Körper Gutes tun, damit die Seele Lust hat, darin zu wohnen!"* (Winston Churchill)

Tipp: *Wenn Sie 80 Prozent des Tages am Schreibtisch sitzen, können Sie trotzdem etwas für Ihr Wohlbefinden und die Gesundheit machen. Mit einem ordentlichen Drehstuhl und der richtigen Sitzposition haben Sie einen positiven Einfluss auf Ihre Körperhaltung und vermeiden Verspannungen.*

Verwenden Sie einen Schreibtisch, der in der Höhe verstellbar ist. So haben Sie die Möglichkeit, zwischen einer sitzenden und stehenden Körperhaltung zu wechseln. Das Mini-Workout am Arbeitsplatz hält Sie auch während den langen Arbeitsstunden fit und verbreitet gute Laune!

13. Suchen Sie in Ihrem sozialen Umfeld nach positiven Dingen!

Gute Laune hat eine ganz besondere Wirkung, da sie ansteckend ist. Umgeben Sie sich überwiegend mit positiven Menschen, denn diese Positivität färbt auf Sie ab, wirkt inspirierend und macht glücklich. Haben Sie nach einer Zusammenkunft mit anderen Menschen ein bedrückendes niedergeschlagenes Gefühl, ist dafür die negative Ausstrahlung dieser Menschen verantwortlich. Fühlen Sie sich aber energiegeladen, voller Tatendrang und glücklich, haben Sie sich von der Energie und dem positiven Denken anstecken lassen.

Die ungeheure Kraft der positiven Empfindungen beflügelt Sie, Dinge anzupacken und vorwärts zu schauen. Das sind Erlebnisse und Empfindungen, die Ihnen nur ein positives Umfeld bietet.

Zitat: *„People will forget what you said, people will forget what you did, but people will never forget how made them feel."* (Maya Angelou)

14. Momente hinterfragen und herausfinden, was Ihnen guttut!

Eine schöne Möglichkeit, um sich an besondere Dinge zu erinnern und daraus Energie zu schöpfen, ist das Innehalten und über die unterschiedlichen Augenblicke am Tag nachzudenken. Es gibt Tage, die gut laufen und andere, an denen Situationen eintreten, die eine negative Stimmung verbreiten.

Auch schlechte Tage haben eine Daseinsberechtigung und bieten Ihnen besondere Momente, die Sie auf den ersten Blick nicht sehen. Doch der zweite Blick offenbart Ihnen, was der jeweilige Moment an Gutem für Sie bereitgehalten hat. Selbst das größte Desaster oder Missgeschick hat eine gute Seite. Diese müssen Sie nur erkennen. Das Herauskristallisieren von positiven Dingen ermöglicht Ihnen eine neue, veränderte Sichtweise und hilft Ihnen dabei, positives Denken zu erlernen. Durch Hinterfragen, herausfinden und erkennen, was Ihnen gut tut, leben Sie deutlich bewusster.

15. Lachen Sie so viel und so oft wie möglich!

Lachen Sie nicht nur mit Freuden zusammen über lustige Situationen oder Erlebnisse, sondern auch über sich selbst. Diejenigen, die über sich selbst lachen und sich gleichzeitig nicht so ernst nehmen, haben sofort eine sympathischere Ausstrahlung. Lachen schafft zwar keine Veränderung der momentanen Situation, dient aber als gutes Ventil und verhindert, dass der Ärger über den kleinen Fehltritt als negative Belastung den ganzen Tag erhalten bleibt. Missgeschicke sind menschlich. Davon geht nicht gleich die Welt unter. Wichtig ist, dass Sie die Situation akzeptieren, sich Ihren Fehler eingestehen und herzlich darüber lachen. Denn Sie können die Situation weder ändern noch rückgängig machen.

16. Sie sind Ihr eigener Lebensschöpfer und kein Opfer!

Immer wieder gibt es Schicksalsschläge und gravierende Veränderungen, auf die Sie keinen Einfluss nehmen können. Sie gehören zum Leben einfach dazu. Trauern Sie ruhig und reden Sie darüber. Schlüpfen Sie aber nicht in die Opferrolle. Sie ist nicht die Rolle in Ihrem eigenen Theaterstück, die Ihnen auf den Leib zugeschnitten ist. Sie schwächt Ihr Selbstbewusstsein, schürt Ängste, hat eine lähmende Wirkung und entmachtet Sie.

„Durch den zeitintensiven Job habe ich gar keine Zeit mehr für mich selbst!" Kommt Ihnen dieser Satz bekannt vor? Sie haben ihn bestimmt auch schon verwendet, vielleicht in einem anderen Zusammenhang. Stopp! Seien Sie ehrlich! An dieser Situation sind Sie nicht ganz unschuldig, weil Sie sich zum Opfer machen. Um etwas zu verändern, benötigen Sie ein gewisses Maß an Mut und Risikobereitschaft, da Sie Ihre negative Denkweise in positives Denken umwandeln müssen. Das Glück liegt in Ihrer Hand und Sie haben alle Freiheiten, um Ihr eigenes Leben und die dafür nötigen Schritte zu bestimmen.

Setzen Sie Prioritäten, schaffen Sie Freiräume und legen Sie fest, was Ihnen wirklich wichtig ist, ohne sich von äußeren Einflüssen manipulieren zu lassen. Es gibt nämlich nichts, was wichtiger ist als Sie selbst, schon gar nicht die Erwartungen, die andere an Sie stellen.

17. Starten Sie positiv in den Tag mit energiegeladenen Morgenroutinen

Energiegeladene, morgendliche Routinen sind tolle Angewohnheiten, weil Sie dadurch jede Menge Energie und einen unbeschreiblichen Tatendrang erlangen, der über den ganzen Tag für Sie verfügbar ist. Früh aufstehen und Morgenrituale, die Ihnen Freude bereiten, haben positive Auswirkungen auf Ihren Gemütszustand und Ihre Motivation. Stellen sich dafür ein Zeitfenster zur Verfügung, um den Tag ohne Stress zu beginnen. Nach dem Aufstehen haben Sie genügend Zeit, um sich zu sammeln, die Gedanken zu sortieren und Pläne für den Tag zu schmieden. Schlafen Sie hingegen bis zur letzten Minute, haben Sie die wichtige Zeit für sich selbst verschwendet. Nun muss es schnell gehen, damit Sie rechtzeitig auf der Arbeit sind. Für energiegeladene Morgenroutinen ist kein Platz. Der Stress nach dem Aufstehen wird Sie den ganzen Tag über begleiten und das positive Denken nachhaltig negativ beeinflussen.

Tipp: *Dehnübungen, ein Glas Zitronenwasser oder ein gesundes Frühstück wirken besonders vitalisierend,*

regen den Stoffwechsel an und setzen Energie frei.
Probieren Sie es einfach einmal aus!

18. Den Terminplaner für Arbeits- und Freizeittermine nutzen!

Arbeit ist wichtig, da Sie durch das verdiente Geld Ihr Leben finanzieren. Das ist richtig! Doch gibt es auch noch andere Dinge im Leben. Wer viel arbeitet und gute Leistung erbringt, muss sich auch ein Zeitfenster für die Freizeit gönnen. Diese Zeit ist für Körper und Seele extrem wichtig, auch wenn Work-Life-Kritiker dazu eine ganz andere Einstellung haben.

Schauen Sie sich einmal Ihr Zeitmanagement an und schaffen Sie sich Freiräume für Ihre Freizeittermine. Letztendlich ist Zeitmanagement nichts anderes als eine gut geplante Selbstorganisation, die in Ihren Händen liegt. Gönnen Sie sich die Stunde am Tag für Sport oder andere Dinge, die Sie gerne machen. Das Aufschreiben der Freizeittermine in Ihrem Terminkalender hat noch einen schönen Nebeneffekt. Sie geben Ihnen ein tolles Gefühl, weil neben den unzähligen Arbeitsterminen der Freizeittermin steht, auf den Sie sich den ganzen Tag freuen können. Dieses positive Gefühl hilft Ihnen dabei, selbst in stressigen oder unschönen Situationen positives Denken beizubehalten.

19. Stärken Sie Ihr Selbstbewusstsein!

Menschen mit einem positiven Selbstbild verfügen ganz automatisch über eine positive Denkweise. Sie haben Vertrauen in sich selbst und blicken optimistisch in den Tag und auf die Dinge, die Ihnen begegnen. Diese Menschen haben ein Wissen um Ihre Stärken und Schwächen und kennen diese ganz genau. Nehmen Sie sich solche Menschen und suchen Sie nach Parallelen, gleichen Verhaltensmustern und Eigenschaften. Sie werden viele Dinge erkennen und sehen, dass Sie selbst ein einzigartiger Mensch sind.

20. Gehen Sie hinaus in die Welt und lösen Sie sich von sozialen Medien!

Sie öffnen Facebook, Twitter oder Instagram und sehen, dass Ihre Freunde etwas gepostet haben. Die einen sind schon wieder im Urlaub und vergnügen sich am Strand, die anderen machen eine spannende Bergtour und Sie sitzen in Ihrem Büro und müssen sich durch Aktenberge quälen. In der Chronik eines weiteren Freundes lesen Sie, was dieser innerhalb kürzester Zeit alles erreicht hat.

Sie ziehen Vergleiche zu Ihrem eigenen Leben und halten sich vor Augen, wo Sie momentan stehen. Halt! Stopp! Hören Sie sofort mit diesen negativen Gedanken und den Vergleichen mit anderen auf. Diese Denkweise bringt Sie nur in eine Abwärtsspirale.

Info: *Vor einiger Zeit gab es im „The Guardian" einen Bericht über eine Studie. Dabei wurden bei mehr als 1.500 Personen im Alter zwischen 14 und 24 die Auswirkungen der Social Media Kanäle untersucht. Die Ergebnisse brachten zutage, dass sich durch die Verwendung von Facebook, Instagram, Twitter & Co. das Gefühl von Angst und Ungenügend sein verstärkt."*

Hören Sie auf, Ihr Leben in Social Media Kanälen zu leben und legen Sie den Fokus auf die Dinge, die Ihnen guttun. Damit verhindern Sie, dass Sie in eine Abwärtsspirale geraten. Sie haben in Ihrem Leben schon so vieles erreicht und Sie können noch viel mehr bewerkstelligen. Befreien Sie sich langfristig von Ihrem selbst erzeugten Druck und konzentrieren Sie sich auf sich selbst. Es stellt sich Zufriedenheit und vor allen Dingen eine positive Einstellung ein. Die langfristige Entwöhnung ist genau der richtige Kick für Ihre positiven Gedanken.

21. Mit Hilfe von Meditation Kraft schöpfen!

Meditation ist das richtige Werkzeug, um der Welt mit ihren vielen Informationen zu entfliehen und sich auf sich selbst zu konzentrieren. Indem Sie auf Ihre Atmung achten und alles andere ausblenden, erleben Sie einen ganz neuen Betrachtungswinkel, der Ihnen bisher verborgen geblieben ist. Meditation hat einen tollen Lerneffekt. Sie verbannen dabei die negative Denkweise aus Ihrem Kopf, schaffen Platz und haben eine bessere Kontrolle über Ihre Gedanken. Nehmen Sie sich die Zeit, zwischendurch zu meditieren und auf sich selbst zu konzentrieren. Damit trainieren Sie positives Denken.

22. Suchen Sie sich Projekte, um in der Welt etwas zu bewegen!

Negative Gedanken entstehen, weil Menschen sich machtlos fühlen und sich die Empfindung breit macht, dass Sie ganz alleine auf weiter Flur sind. Die Aussage *„gemeinsam sind wir stark und können Großes erreichen"* verliert ihre einzigartige Kraft, da sich durch die negativen Gedanken nur noch mit sich und seinen eigenen Problemen beschäftigt wird. Oftmals sind es schon kleine Gesten, die die Welt positiver erscheinen lassen und sogar schöner machen. Warum helfen Sie nicht einmal einer älteren Dame mit ihren schweren Einkaufstaschen, einem älteren Herren über die Straße oder einer jungen Mutter mit Kinderwagen ein unüberwindbares Hindernis zu überwinden?
Warum beteiligen Sie sich nicht an einem interessanten Spendenprojekt?
Die Möglichkeiten sind schier unendlich, um anderen Menschen eine Freude zu bereiten. Sie werden auch selber davon profitieren, weil sich ein gutes Gefühl breitmacht.

23. Der Fokus liegt auf der Gegenwart!

Ihr Leben findet im Hier und Jetzt statt, nicht in der Zukunft und schon gar nicht in der Vergangenheit! Bei einer gedanklichen Reise in die Vergangenheit oder Zukunft sind Sie zwar körperlich anwesend aber gedanklich in einer ganz anderen Welt. Leben Sie in der Gegenwart. Denn hier passiert das Leben und es ist kein Platz für Illusionen. Schaffen Sie Klarheit und begreifen Sie, dass „Gestern" und „Morgen" nur Konzepte sind. Im Hier und Jetzt stehen Sie mittendrin, verlieren Sie sich nicht in der Vergangenheit und jagen keinen Zukunftsträumen hinterher, für die Sie in der Gegenwart den Grundstein noch nicht gelegt haben.

24. Tauschen Sie schlechte Gewohnheiten gegen positive aus!

Das Unterbewusstsein ist der Ort, an dem 95 Prozent aller Entscheidungen getroffen werden. Zudem gibt es unterschiedliche Angewohnheiten, gute und schlechte, die Ihre Entscheidungen beeinflussen, Sie aber nicht weiter bringen und viel kostbare Zeit stehlen. Ein Beispiel für Zeitdiebe sind soziale Netzwerke. Bei Facebook, Twitter, Instagram & Co. wird immer dann vorbeigeschaut, wenn Langeweile aufkommt und Sie Ihre Neugier befriedigen wollen. Aus einem kurzen hineinschauen wird schnell eine Stunde und mehr, sodass Sie viel kostbare Zeit und Energie verschwenden, die Sie anderweitig viel sinnvoller nutzen können. Mit einem Masterplan gelingt es Ihnen schlechte Gewohnheiten zu enttarnen und abzulegen und gegen gute, positive auszutauschen. Jedes Mal, wenn Sie eine schlechte Gewohnheit aufgespürt und gegen eine gute ausgetauscht haben, machen Sie an dem Tag einen Haken in Ihrem Kalender. Es kann Ihnen aber auch passieren, dass Sie schlechte Gewohnheiten unbewusst wieder aufgreifen. Wird Ihnen das bewusst, handeln Sie sofort und ersetzen Sie diese durch eine gute, positive Gewohnheit.

25. Rufen Sie sich regelmäßig Ihre bisher erreichten Erfolge ins Gedächtnis!

Wenn Sie einmal darüber nachdenken, wird Ihnen bewusst, wie viele positive Dinge in recht kurzer Zeit passiert sind. Genau diese positiven Veränderungen sind Ihr Brunnen, aus dem Sie immer wieder ein unbeschreiblich gutes Gefühl abschöpfen können. Schaffen Sie sich Freiräume, um Ihre Erfolge zu visualisieren und zu feiern. Lernen Sie die Resultate zu schätzen und entwickeln Sie das Bewusstsein dafür, dass Sie ganz alleine mit Ihren positiven Gedanken erfolgreich waren und das Ziel erreicht haben.

Positiv denken, langfristig zufrieden werden und ein erfülltes Leben führen

Jetzt ist der Zeitpunkt gekommen, an dem Sie sich noch einmal die Frage stellen sollten, ob das Glas nun halb leer oder halb voll ist. Wenn Ihre Antwort „halb voll" lautet, haben Sie den richtigen Weg gefunden, um mit positivem Denken erfolgreich zu sein. Sie haben es nämlich geschafft, Ihre Einstellung und Denkweise zu überdenken und den Ehrgeiz geweckt, etwas verändern zu wollen. In allen Lebensbereichen bietet positives Denken nur schöne Vorteile. Das Beste ist aber, dass Sie positives Denken lernen können! Gehen Sie mit sich selbst auf Entdeckungsreise und finden Sie Fähigkeiten, die ganz tief in Ihnen schlummern und bisher noch nicht genutzt wurden. Sie entdecken damit neue Entfaltungsmöglichkeiten, die Sie zufriedener und Ihr Leben lebenswerter machen. Wenn Sie die Hauptgründe für Ihre negative Denkweise kennen, sind Sie in der Lage, diese ins Positive zu verändern, Selbstbewusstsein aufzubauen und eine einzigartige Ausstrahlung zu erhalten. Das ist es, was andere Menschen wahrnehmen, wenn Sie diesen begegnen.

Es sind nicht teure Kleidungsstücke, ein schickes Auto und die Worte, die Sie sagen, sondern die Energie Ihrer Ausstrahlung, die andere Menschen auf Sie aufmerksam macht. Sie spiegelt Ihr positives Denken, Ihre Zufriedenheit und Dankbarkeit wider. Durch positives Denken erreichen Sie alles, was Sie wollen. Sie machen Karriere, sind finanziell unabhängig und leben ein erfülltes Leben.

Der richtige Weg führt zum Ziel

Wie Sie zu Erfolg und Wohlstand gelangen, ist kein Geheimnis. Dahinter stecken nur Techniken und spezielle Strategien, die Ihnen dabei behilflich sind, schneller und auf direkterem Weg Ihr Ziel zu erreichen. Geboten werden Ihnen unendliche viele. Sie funktionieren aber nicht bei jedem. Darum gibt es auch nicht die ultimative Technik oder Strategie, die bei 99,9 Prozent der Menschen funktioniert.

Es gibt aber die vielen verschiedenen Möglichkeiten, die Sie zum Erfolg führen können. Erfolgreich zu werden liegt nur an Ihnen und nicht an der gewählten Technik. Sie sind derjenige, der den Willen haben muss, mehr Wohlstand, mehr Erfolg und mehr Reichtum zu generieren. Das mag sich jetzt seltsam anhören. Um etwas zu verändern, müssen Sie an sich arbeiten. Dann funktioniert es auch, mit positivem Denken erfolgreich zu werden. Menschen streben grundsätzlich immer nach Wachstum und Erfolg. Dieses funktioniert aber nur, wenn Entfaltungsmöglichkeiten vorhanden sind und sie das Leben einem bestimmten Zweck widmen können.

Und dann gibt es die Kategorie Mensch, die es nicht schaffen, sich zu entfalten und erfolgreich zu sein. Die Gründe sind tief in Ihrem Unterbewusstsein verwurzelt. Verantwortlich ist dafür die mentale Einstellung beziehungsweise das negative Mindset. Durch eine neue Konditionierung gelingt es Ihnen aber das negative Mindset in ein positives zu verwandeln. Dazu gehört, dass eine positive Einstellung zu sich selbst und zum Leben erlangt wird, die sich in den eigenen Gedanken manifestiert. Damit legen Sie innerlich fest, was außen passiert. Gedanken gestalten das Leben und geben dem Charakter seine Form. Darum ist klar, dass nur eine positive Denkweise der richtige Weg ist.

Mit positivem Denken halten Sie den Schlüssel zum Erfolg in Ihren Händen. Nutzen Sie Ihre Motivation, um täglich mehrere Stunden daran zu arbeiten und Sie kommen Ihrem Traum ein ganzes Stück näher. Die ganze Arbeit lohnt sich, wenn Sie dazu bereit sind, durch positives Denken erfolgreich zu werden und ein glückliches Leben zu führen. Rückblickend auf Ihr altes Leben sehen Sie, was Sie bis heute alles verpasst haben!

Glücklich sein

Glück - Glück erlangen & anziehen, glücklich werden – So gelingt Ihnen der Weg in ein zufriedeneres Leben

Mit dem Glück und glücklich sein ist das so eine Sache. Denn die Gesellschaft und das persönliche Umfeld haben einen nicht zu unterschätzenden Einfluss darauf. Den Menschen wird von klein auf beigebracht, dass Glückseligkeit nur bestimmten Menschen vorbehalten und nicht für jeden bestimmt ist. Hat ein Mensch es geschafft, Glück zu empfinden, bleibt es nicht lange erhalten. Damit wurde ein entscheidender Grundstein gelegt, der Gleichmütigkeit aufkommen lässt, weil diese Gedanken für das Leben und Glück ins Gedächtnis eingebrannt wurden. Mit diesem anerzogenen und vorgelebten Gleichmut befinden sich Menschen immer in der Warteschleife, in der Hoffnung, dass sie irgendwann vom Glück gefunden werden.

Es wird zudem von der Annahme ausgegangen, dass glücklich sein für sie sowieso nicht vorbestimmt ist.

Diese Denkweise und das damit verbundene Handeln sind im Lernprozess zum glücklich sein ein schwerwiegender Aspekt, weil Menschen gar nicht wissen, woran Glück erkennbar und als solches wertzuschätzen ist.

Die dadurch entstehende Endlosspirale sorgt für Frustration. Dabei wird aus dem Auge verloren, wie viele Fähigkeiten in Menschen stecken, um Glück zu erlangen, anzuziehen und glücklich zu werden. Wenn Sie sich einmal selbst die Frage stellen, was für Sie Glück bedeutet und was Sie glücklich macht, erkennen Sie sehr schnell, dass die Frage gar nicht so leicht zu beantworten ist. Ist es ein tolles Auto, viel Geld, schöne Dinge oder die Menschen, mit denen Sie sich umgeben? Wenn Sie dabei schon Schwierigkeiten haben, können Sie sicherlich erahnen, wie schwierig die Umsetzung ist, das eigene Glück zu finden und glücklich zu werden. Um Wege für die Glückseligkeit zu finden, gibt es die Glücksforschung, wo sich Psychologen, Sozialwissenschaftler und Ökonomen zusammengetan haben, um Licht ins Dunkle zu bringen.

Hinter dem abstrakten Begriff Glück verbergen sich überraschende Dinge. Sind Sie neugierig geworden? Warten Sie nicht länger! Mit den folgenden Dingen verstehen Sie endlich wie glücklich sein funktioniert und wie Sie Glück erlangen und anziehen können.

Woher kommt der Begriff Glück?

Glück empfinden Menschen als ein besonderes Hochgefühl. Doch wenn sich einmal nach dem Ursprung des Wortes umgeschaut wird, taucht es im Sprachgebrauch als „g (e) lücke" erstmalig 1160 im Mittelhochdeutsch auf. Dieses merkwürdig klingende Wort ist von gelingen abgeleitet, dass wiederum vom Begriff „leicht" abstammt. Demnach handelt es sich bei Glück um etwas, dass Ihnen leicht gelingt.

Wie Sie vermutlich jetzt ahnen, ist Glück nicht abhängig davon, wie viel Geld und Reichtümer Sie besitzen. Wissenschaftlich ist dieses auch schon längst bestätigt worden. So hat sich der Wissenschaftler Richard Easterlin bereits 1974 mit dem Thema beschäftigt und Umfragen gestartet. Dabei ging es um die Zufriedenheit mit dem Einkommen. Bei der Auswertung der Umfragen stellte sich schnell heraus, dass ab einer gewissen Einkommensgrenze im oberen Bereich sich nicht automatisch mehr Glück einstellt. Warum streben die Menschen dann immer nach mehr Geld und Reichtum? Die Antwort ist leicht zu übersehen, weil sie sich so einfach gestaltet.

Menschen unterläuft der Fehler, dass sie Ursache mit Wirkung verwechseln. Glücklich sein wird langfristig nicht durch Macht oder Geld erzeugt. Vielmehr sind es die Glücklichen, die Erfolg haben. Diese glücklichen Menschen werden vielleicht niemals reich oder Chef in einem großen Wirtschaftsunternehmen. Unter Umständen ist das auch gar nicht das auserkorene Ziel.

Berufliche Karriere, Geld und Macht sind Statussymbole. Sie werden von Menschen genutzt, um andere einzuschätzen und sich eine Meinung zu bilden. Daher ist jeder darauf bedacht, ein gutes Bild abzugeben. Wer von Statussymbolen sein eigenes Glück abhängig macht, ist ganz schön dumm, weil dieses vermeintliche Glück nur auf einem wackeligen Fundament aufgebaut ist und keinem Sturm standhält. Schmieden Sie lieber selber Ihr Glück und machen Sie es nicht von Statussymbolen abhängig. Wirklich glückliche Menschen tragen die Sonne im Herzen. Der Optimismus, den diese Menschen ausstrahlen wirkt anziehend und sexy. Jetzt stellt sich Ihnen sicherlich die Frage, was Glück eigentlich ist?

Was ist Glück?

Seit vielen Jahren beschäftigt sich der Soziologe Ruut Veenhoven von der Erasmus-Universität Rotterdam mit Glück und hat diesbezüglich unterschiedliche Forschungen durchgeführt, wodurch er auf diesem Gebiet hohes Ansehen erlangte. Mit anderen Wissenschaftlern erstellte er die „Database of Happiness". Sie ist die größte, bestehende Datenbank zum Thema Glück und umfasst interessante Publikationen und Forschungsergebnisse. Ruut Veenhoven beschreibt Glück folgendermaßen:

Zitat: *„Glück ist das Maß oder der Grad, in dem ein Mensch mit der Qualität seines eigenen Lebens insgesamt zufrieden ist. Anders ausgedrückt bezeichnet Glück das Maß, in dem man das eigene Leben mag."*

Glück spiegelt sich gemäß Veenhoven in zwei Komponenten wider. Diese sind:

- Stimmung
- Zufriedenheit

Mit der **Stimmung** wird ausgedrückt, wie angenehm Sie die Gefühle empfinden, die Sie haben. **Zufriedenheit** beschreibt die subjektive Einschätzung. Denn jeder hat eine bestimmte Vorstellung von seinem Leben und entscheidet, ob die gerade bestehende Situation zur eigenen Vorstellung und zum glücklich sein passt.

Auf einer Skala von 0 bis 10 lassen sich Stimmung und Zufriedenheit messen. Dabei bedeutet 0 ausgesprochene Unzufriedenheit und 10 absolute Zufriedenheit. In Deutschland liegt der messbare Wert bei 7,2 im Durchschnitt. Die UNESCO hat sogar eine Weltkarte erstellt.

Diese Weltkarte des Glücks stellt dar, in welchen Ländern die Menschen am glücklichsten sind. Philosophen und Geistliche sowie Wissenschaftler des Altertums haben sich auch schon mit dem Thema beschäftigt und versucht die Fragen zu beantworten, was Glück eigentlich bedeutet und was nötig ist, um glücklich zu sein. Dabei wurden in unterschiedlichen Epochen folgende Weisheiten herausgefunden.

So geht **Aristoteles** davon aus, dass das maximale Streben eines Menschen als Glück zu bezeichnen ist. Damit wird eher der Lebensstil beschrieben.

Denn er ist damals davon ausgegangen, dass Glückseligkeit in Tugenden versteckt liegt und nur darauf wartet, geweckt zu werden, um jede vorhandene Fähigkeit ausleben zu können.

Der griechische Philosoph **Epik** vertritt eine ganz andere Meinung zum Glück. Denn er geht davon aus, dass für einen Menschen nichts gut genug ist, der Weniges nicht als Glück empfindet. Dementsprechend setzt er Enthaltsamkeit und Gleichgewicht mit Glückseligkeit auf eine Stufe.

Nietzsche hingegen vertrat eine kritische Meinung im Bezug auf Glück. Daher war seine Auffassung, dass Glück nur ein zeitlich begrenzter Zustand ist, der sich unter günstigen Bedingungen einstellt. Geld ändert daher auch nichts daran, ob Menschen glücklich werden oder sind. Vielmehr bedeutet in seinen Augen das wahre Glück, dem Schicksal die Stirn zu bieten und das Leben selbst zu gestalten.

Ein weiterer kluger Mann hat sich auch Gedanken um das Glück und die Glückseligkeit gemacht.

Slavoj Zizek war der Meinung, dass Glück nicht von der Wahrheit, sondern von der eigenen Auffassung abhängig ist. Diese Aussage ist eine eindeutige Kritik am Kapitalismus, weil sie nichts anderes beschreibt, als dass sich die Menschen ihr Glück erkaufen und dieses „glücklich sein" nur auf Konsumgütern beruht.

Sowohl Aristoteles wie auch Epik und Nitzsche haben recht mit ihren Annahmen. Genau auf den Punkt gebracht hat es aber nur Zizek. Menschen lassen sich nämlich sehr leicht dazu verleiten, Unzufriedenheit und das vermeintlich fehlende Glück mit Konsumgütern zu stillen, ohne herauszufinden, wo die Wurzeln des Übels liegen.

Die Ökonomen Andrew Oswald und David G. Blanchflower haben zudem herausgefunden, dass das Alter beim Glücksempfinden eine Rolle spielt. Bestätigung findet sich in einer globalen Umfrage, die mit einer halben Million Menschen aus 72 Staaten durchgeführt wurde.

Glück und glücklich sein lässt sich demnach in einer u-förmigen Kurve darstellen. Im Alter von 20 Jahren sind die Menschen am zufriedensten. Ein Tiefpunkt wird um Mitte 40 erreicht, bevor es anschließend wieder aufwärts geht und die Stimmung langsam wieder in ungeahnte Höhen steigt. In Deutschland liegt diese düstere Stimmung und damit der Tiefpunkt des Glückempfindens und der Zufriedenheit bei einem Alter von 42,9 Jahren. Dementsprechend gehen die beiden Ökonomen davon aus, dass das Glücksniveau eines 20-Jährigen mit 70 Jahren wieder erreicht werden kann, wenn sich keine gravierenden gesundheitlichen Einschränkungen einstellen.

Wovon ist Glück abhängig und was macht wirklich glücklich?

Auf dieser Welt gibt es Menschen, die bitterarm aber trotzdem glücklich sind. Schauen Sie sich einmal Mönche und Einsiedler an. Diese Menschen verzichten auf alles, was ihnen in ihrem Leben wichtig ist. Sie kommen ohne moderne Technik aus und haben eine spartanische Behausung, ohne jeglichen Luxus und sagen, dass sie glücklich sind.

Leider wird die felsenfeste Überzeugung in der modernen Welt vertreten, das Glück eng in Verbindung mit der Erfüllung aller Bedürfnisse steht. Damit ist nichts anderes wie Geld gemeint, mit dem Sie sich Dinge kaufen können. Wenn Sie sich einmal wirklich reiche Menschen genauer anschauen, die alles besitzen, wird Ihnen auffallen, dass diese nicht wirklich glücklich sind. Glück und glücklich sein ergibt sich aus ganz anderen Aspekten:

- **Achtsamkeit** – auch wenn das in Ihren Ohren nach Esoterik-Kram klingt, ist der erste Schritt zum Glück die Achtsamkeit. Das begründet sich darauf, dass ein gewisses Bewusstsein vorhanden sein muss, um dem Glück Wertschätzung entgegenzubringen. Dabei liegt das Augenmerk auf dem, was Sie haben und was Sie umgibt. Das können die Sonnenstrahlen sein, die Sie auf Ihrer Haut spüren, das ernst gemeinte Kompliment einer anderen Person und viele weitere Dinge.

- **Entwicklung** – Die persönliche Entwicklung steht in engem Zusammenhang mit Glück und glücklich sein. Denn durch die Entwicklung bewegen Sie sich vorwärts und bleiben nicht auf einer Stelle stehen. Diejenigen, die sich nicht weiterentwickeln, werden von Tristheit, Unzufriedenheit und Langeweile eingeholt.

- **Ziele** – Das Leben gestaltet sich wie ein Wettbewerb. Dieser entspricht aber nicht dem, wie Streber und Menschen es sehen, die sich auf bestimmte Art und Weise profilieren. Dieser Wettbewerb ist viel eher ein kindliches Spiel, das eine besondere Natürlichkeit hat.

Es wird gelernt zu krabbeln, sich an Dingen hochzuziehen und später die ersten Schritte an der Hand der Eltern zu machen. Darauf folgt alleine laufen, Dreirad fahren und das erste Mal das Fahrrad ohne Stützräder nutzen. Genauso wie Kinder machen auch Erwachsene gesetzte Ziele glücklich, wenn sie diese erreichen. Leider werden die eigenen Ziele vielfach nicht mehr mit kindlichen Augen gesehen, sondern üben auf Sie einen immensen Druck aus. Denken Sie immer daran, Ziele zu setzen, die Sie auch erreichen können, bei denen auch kleine Schritte erlaubt sind.

- **Belohnung** – Sie hat auch eine große Bedeutung, um Glück zu erlangen. Ist ein Ziel erreicht, sollten Sie es nicht einfach nur abhaken. Belohnen Sie sich ruhig auch für das Erreichen eines Teilziels. Damit nehmen Sie Ihren Erfolg besser wahr und fühlen sich deutlich glücklicher.

- **Wertschätzung** – Im deutschen Grundgesetz ist Wertschätzung fest verankert. Dort steht: „Die Würde des Menschen ist unantastbar."

So viele Menschen verstoßen täglich gegen diesen Leitsatz, gerade wenn es um sie selbst geht. Der wichtigste Faktor für Glück ist aber die eigene Wertschätzung und der Selbstwert. Glück definiert sich nicht über Statussymbole, Erfolge und Zielsetzungen. Wenn Sie aber diese Denkweise haben, begehen Sie einen Verstoß gegen die Menschenwürde und gegen sich selbst, jeden Tag von früh bis spät.

Es gibt noch viele weitere Gründe, die in Abhängigkeit zu Ihrem Glück stehen. Der wichtigste Grund ist aber, dass Sie sich erlauben, glücklich zu sein! Diese Aufgabe gestaltet sich allerdings als schwierigste Herausforderung! Es gibt diese Gattung Mensch, die daran glaubt, dass sich Probleme wie Instant-Tee für Babys in heißem Wasser einfach auflösen, wenn beides zusammengefügt wird. Das funktioniert leider mit dem Glück nicht so einfach. Die vielen Jahrzehnte der Forschung kommen zwar zu unterschiedlichen Ergebnissen, sind sich im Konsens aber einig, dass Glück auf der individuellen Einstellung beruht und kein Glücksfall ist.

Diese Attitüde des Lebens stellt sich in Situationen ein, wo Sie ein angenehmes Gefühl, einen Glücksmoment empfinden. Diese Gefühle entstehen beispielsweise, wenn Sie mit guten Freunden zusammen sind, ein Projekt abgeschlossen haben, das Ihnen am Herzen lag oder glückliche Momente mit dem Partner verbracht haben.

Wie heute bekannt ist, macht Geld, Klugheit und Attraktivität Menschen nicht glücklicher, als die Menschen, die wenig Geld, ein durchschnittliches Erscheinungsbild oder ein geringeres Wissen besitzen. Genauso wenig sind Menschen weniger glücklich, die durch einen schweren Unfall querschnittsgelähmt sind oder Gliedmaße verloren haben.

Das, was einen letztendlich glücklich macht, sind vielschichtige Dinge, die aus dem selbstbestimmten Handeln heraus entstehen. Noch einmal beim Glücksforscher Veenhoven geschaut, gliedern sich die Bedingungen für Glück in Lebenschancen und Erfahrungen. Mit Lebenschancen sind die individuellen Fähigkeiten, gesellschaftliche soziale Gleichheit, politische Freiheit, wirtschaftliches Wohlergehen und zu guter Letzt die soziale Stellung gemeint, mit der jeder

Mensch ausgestattet ist. Erfahrungen beruhen auf Erlebnissen, die Ihnen überall begegnen. Dazu gehören Einsamkeit und Gemeinschaft, Herausforderungen und Routinen genauso wie Angriff und Schutz und viele weitere Erlebnisse. Das Leben gestaltet sich mal glücklich, mal fröhlich und auch mal traurig. Doch seien Sie sich dabei bewusst, dass alles von Ihnen abhängt! Menschen, die daran glauben, dass sie ihr Glück selbst schmieden und freie Entscheidungen treffen, haben in der Regel glücklichere Gefühle. Diese Menschen schaffen den perfekten Ausgleich zwischen ihren Wünschen, den Dingen die sie haben und gerne haben wollen.

Glückliche und unglückliche Menschen – der feine Unterschied

Neben den ganzen Glücksstudien ist eine Langzeitstudie durchgeführt worden. Die aus Harvard stammende Studie ist schon sehr alt und scheint die umfangreichste Langzeitstudie der vergangenen Jahre zu sein. Geleitet wurde sie vom Psychiatrieprofessor Georg Vaillant, der zu Beginn der Studie selbst noch ein Kind war. Arlie Bock war zu damals Leiter der Health Services in Harvard und startete 1937 mit den ersten Untersuchungen. Dabei stand im Fokus, was den Menschen glücklich macht.

Um dieses herauszufinden, verpflichtete er 268 junge Studenten. Mit ihrer Teilnahme an der Studie haben sie sich lebenslänglich dazu verpflichtet, an medizinischen Tests teilzunehmen, Fragebögen auszufüllen und Gespräche mit Wissenschaftlern zu führen.
Für die Forscher ergab sich dabei eine scheinbar unendliche Detailarbeit. Die Studie des Lebens anderer brachte Vaillant über die Jahre hinweg zu unterschiedlichen Erkenntnissen.

Zu der Wichtigsten gehört wohl, dass Glück nicht wie ein Lottogewinn ein Glücksfall, sondern vielmehr, dass Glück und glücklich sein größtenteils machbar ist. Das Rezept für Glück gibt er gleich mit dazu:

- gesunde Ernährung
- keinen Nikotingenuss
- Alkohol nur in Maßen genießen
- in einer stabilen Beziehung bis zur Mitte des Lebens leben
- im Ruhestand körperlich und geistig aktiv bleiben

Zitat: *„Das Einzige, worauf es ankommt, sind Beziehungen!"* Georg Vaillant

Diese Aussage von Vaillant gehört zu den erstaunlichsten, die er im Bezug auf Glück und glücklich sein gemacht hat. Denn genau das ist der Faktor, der glückliche und unglückliche Menschen voneinander unterscheidet.

Glückliche Menschen besitzen eine hohe psychische Widerstandskraft und verfügen über die Fähigkeit, schwierige Situationen und Schicksalsschläge zu überstehen, mit denen sie im Leben herausgefordert werden, ohne anhaltende Beeinträchtigungen hinzunehmen. Im Fachjargon bezeichnen Wissenschaftler diese Eigenschaft als Resilienz.

6 Dinge, die Sie über glücklich sein bisher noch nicht wussten

1. Menschen, die glücklich sind, reden mehr!

Für eine Studie mit 79 freiwilligen Teilnehmern ließ ein Team von Wissenschaftlern, die sich um Matthias R. Mehl von der University of Arizona scharen, die Probanden über einen Zeitraum von 4 Tagen ein elektronisches Aufnahmegerät mit sich führen. Dieses Gerät schaltete sich alle 12 Minuten ein und zeichnet für 30 Sekunden die Gespräche auf. Diese Gesprächsfragmente wurden genauer betrachtet und ausgewertet. Es erfolgte eine Einteilung in banale und tiefschürfende Gespräche. Anschließend stellten die Wissenschaftler den Teilnehmern die Frage, ob und wie gut sie sich gefühlt haben. Glückliche Teilnehmer haben weniger Zeit alleine verbracht und viele tiefschürfende Gespräche geführt als unglückliche Teilnehmer. Das ist das interessante Ergebnis der Studie.

2. Glück hat eine hohe Ansteckungsgefahr!

Wenn Sie in Textnachrichten glückliche Emotion verschicken, habe diese eine positive Wirkung. Das hat James Fowler der University of California und Nicholas Christakis der Yale University herausgefunden. Zu dieser Erkenntnis kamen die beiden bei der Analyse von Statusmeldungen, die User bei Facebook veröffentlichten. Denn im Ergebnis zeigte sich, dass auf eine positive Statusmeldung im Durchschnitt zwei positive Nachrichten im Freundeskreis folgten.

3. Gedanken und die Erinnerung machen Sie glücklich!

In Ihrem Gedächtnis speichern Sie sämtliche Erlebnisse ab, die Ihr Denken und Handeln beeinflussen und prägen. Ohne Empfindungen und Gefühle geht das nicht. Alle Dinge, die mit starken Emotionen einhergehen, werden ganz automatisch im Langzeitgedächtnis abgespeichert. Dieses hat der us-amerikanische Hirnforscher Antonio Damasio herausgefunden. Ihre Erinnerung an schöne Momente lassen sich mit einem Bild, einer Melodie oder einem Duft wieder zum Leben erwecken und werden Ihnen ein glückliches Gefühl bereitstellen.

4. Intensives Training macht glücklich!

Eine Steigerung des Wohlbefindens lässt sich erreichen, wenn Sie mit einem intensiven Training Ihre Charaktereigenschaften stärken. Herausgefunden hat das eine breit angelegte Studie, die von René Proyer, Willibald Ruch und Claudia Buschor der Universität Zürich und ihren Psychologenteams durchgeführt wurde. Für die Durchführung wurden 178 erwachsene Teilnehmer in drei Gruppen unterteilt. Die Unterteilung erfolgte nach dem Zufallsprinzip. In der ersten Gruppe wurde sich zehn Wochen lang darauf konzentriert, Kreativität, Liebe, Freundlichkeit, Weitsicht und den Sinn für das Schöne zu trainieren. Die zweite Gruppe trainierte über den gleichen Zeitraum die Eigenschaften Dankbarkeit, Neugier, Humor, Optimismus und Enthusiasmus. Für die dritte Gruppe gab es keine Aufgaben, die sie in den 10 Wochen zu erfüllen hatten. Das Resultat der Auswertung ergab, dass die Teilnehmer einen deutlichen Anstieg der Lebenszufriedenheit zeigten, die die Eigenschaften Enthusiasmus, Optimismus, Dankbarkeit und Humor trainiert haben.

5. Lob und Anerkennung haben ein hohes Glückspotenzial!

Das behauptet Cameron Anderson der University of California in Berkeley. Die Studie, auf der diese Aussage beruht, wurde von Anderson zu Beginn mit 80 Studenten von unterschiedlichen Universitäten und aus 12 verschiedenen Bevölkerungsgruppen durchgeführt. Das Ergebnis verblüfft nicht, denn es stützt Andersons Annahme, dass zwischen subjektivem Wohlbefinden und dem Maß der Anerkennung eine Verbindung besteht. Zu beachten ist aber bei diesem Ergebnis: Je größer die Wirkung der Anerkennung ist, desto höher ist das Glücksgefühl. Wenn beispielsweise ein sozial bedingter Absturz erfolgt, können Sie länger von dieser nachhallenden Wirkung des Glücksgefühls zehren.

6. Glück wünschen steigert die Leistung des anderen!

Dieser Aussage liegt ein Experiment zugrunde, bei dem die Teilnehmer Geschicklichkeitstests durchführten. Im Schnitt haben sie dafür 5 Minuten benötigt. Wurde den Teilnehmern Glück gewünscht und sie ermutigt, brauchten sie für die Bewältigung der Geschicklichkeitstests nur noch etwas mehr als drei Minuten. Das haben Barara Stoberock, Thomas Mussweiler und Lysann Damisch der Universität zu Köln herausgefunden. Grund für die schnellere Bewältigung ist das gute Gefühl, dass die Aufgabe nicht ganz alleine bewältigt werden muss. Denn es gibt ja Menschen, die einem die Daumen drücken und für einen da sind. Das dabei entstehende Gefühl gibt Sicherheit, die im Umkehrschluss ein glückliches Gefühl bereitstellt.

Der Einfluss anderer auf Ihr Glück

Heute wissen Psychologen, dass der Mensch seinen Zufriedenheitsindex daran festmacht, wie glücklich der Partner, die Familie, Freunde und das Umfeld sind. Es steckt aber noch mehr dahinter! Das eigene Glücksempfinden steht im Vergleich zu einer Vielzahl von fiktiven Figuren. Dazu gehören Menschen, die Sie aus der Zeitung oder dem Internet kennen und die Ihnen auf der Straße vor die Füße laufen.

Diese fiktiven Figuren brauchen Sie nicht! Allerdings haben diese eine immense Macht über das eigene Wohlbefinden. Natürlich gibt es dazu auch eine Studie, die von Professor Alexander Jordan der Standford University und seinem Team durchgeführt wurde. Die Teilnehmer wurden von den Wissenschaftlern dazu befragt, in welcher Häufigkeit sie in der letzten Zeit unglückliche Gefühle hatten. Im Anschluss daran sollten die Probanden für die ganze Gruppe den Glücksindex einschätzen. Das verblüffende Ergebnis zeigte, dass jedes Mal der tatsächliche Frust unterschätzt wurde. In Zahlen ausgedrückt lag die Fehleinschätzung bei rund 20 Prozent.

Anders ausgedrückt zeigt das Ergebnis, dass jeder einzelne Teilnehmer davon ausgegangen ist, die anderen wären bedeutend glücklicher als der Befragte selbst. Das ist schon erstaunlich. Denn die Gruppe wurde rein zufällig ausgewählt und umfasste Personen, die sich völlig fremd waren. Um zu schauen, ob es ein ähnliches Ergebnis gibt, wiederholte Jordan das Experiment mit Personen aus dem Freundeskreis der Probanden. Dabei mussten die Teilnehmer über mehrere Wochen ein Tagebuch führen, wo sie negative und positive Empfindungen eingetragen haben. Es erfolgte ein Vergleich zwischen den Aussagen der Freunde und der anderen Person, die im Bezug auf den Glückszustand geäußert wurden. Auch hierbei zeigte sich das gleiche Ergebnis. Demnach wurde den Freunden eine höhere Zufriedenheit unterstellt, die in dieser Form gar nicht vorhanden war.

Es gab noch eine dritte Untersuchung, deren Ergebnis folgendes zeigte: Wenn das Umfeld als besonders glücklich eingeschätzt wird, ist eine starke Tendenz für Gefühle wie Einsamkeit und Unzufriedenheit vorhanden.

Ironischerweise glauben Menschen gerade, wenn sie sich unglücklich und niedergeschlagen fühlen felsenfest daran, dass Ihr Umfeld es besser hat und zufriedener ist. Damit wird sich in eine emotionale Abwärtsspirale begeben, die durch diese Denkweise nur noch verstärkt wird.

Positive Erfahrungen teilen und das Glück verdoppeln

Sie kennen den Spruch: „Geteiltes Leid ist halbes Leid!" Das gleiche können Sie auch mit dem Glück machen. Denn „geteiltes Glück ist doppelte Freude!". Das funktioniert, wie Nathaniel Lambert herausgefunden hat. Genau den Satz hat er einer wissenschaftlichen Untersuchung unterzogen und ist dabei auf folgendes gestoßen: Werden Glücksmomente, Erfolgsgeschichten und Erfahrungen mit anderen geteilt, erfolgt eine Verdopplung des Glücks!

Das Experiment von Lambert dauerte einen Monat. Über diesen Zeitraum wurden mit Fragebögen nicht nur die Lebenszufriedenheit und das Glücksempfinden der Teilnehmer gemessen. Einige Teilnehmer hatten zudem die Aufgabe, zweimal in der Woche die positiven Erlebnisse Freunden zu erzählen. Das musste nicht persönlich sein, sondern konnte auch schriftlich oder telefonisch erfolgen. Die andere Gruppe schrieb lediglich die Glücksmomente für sich selbst auf. Das Resultat des Experiments zeigt erstaunliches:

Die Teilnehmer, die ihre Lebensfreude anderen mitteilten, waren nicht nur zufriedener, sondern waren sich der guten Erlebnisse deutlich bewusster.

Glücklich sein – 5 Phasen, die Sie kennen sollten

Es gibt eine Vielzahl von besonderen Dingen, die glücklich machen. Menschen zählen dazu beispielsweise eine schickere, top eingerichtete Wohnung, einen schnellen Flitzer, den sie schon immer gerne haben wollten, die bessere Position im Unternehmen, ein toller Urlaub, ein größeres Kontingent an Freizeit und vieles mehr. Eine gewisse Zeit lang schaffen diese Dinge ein glückliches Gefühl. Wenn aber einige Zeit verstrichen ist, streben Sie wieder nach neuen Besonderheiten und das dagewesene Glücksgefühl gerät in Vergessenheit. Doch warum ist das so? Dafür gibt es eine ganz einfache Antwort. Glück gestaltet sich niemals unendlich und endgültig. Glücklich sein ist vielmehr ein Prozess, den Sie durchlaufen.

Und genau dieser teilt sich in 5 Phasen auf.

- Suche
- Streben
- Gleichgewicht
- Bedeutung
- Freude

Diese einzelnen Phasen können sich immer auf ein Neues wiederholen. Denn Glück und glücklich sein ist nicht einfach nur ein Zustand, sondern eine Entwicklung, die Ihre eigene Dynamik im Bezug auf Geschwindigkeit, Zeit und Ergebnis hat. Damit Sie verstehen, was hinter den einzelnen Phasen steckt, erhalten Sie nun einen kleinen Einblick in die oben aufgezählten Phasen:

1. Phase – Suche

Es gibt keinen Menschen, der von Anfang an weiß, wie das eigene individuelle Glück aussieht. Die Weisheit, wohin die persönliche Reise gehen soll, entwickelt sich erst im Laufe der Zeit. Ein schönes Beispiel sind dafür Teenager und junge Erwachsene, die auf dem Weg des Erwachsenwerdens viele Dinge ausprobieren, manche Umwege gehen, um herauszufinden, was sie letztendlich glücklich macht. Damit ist die spannende Reise auf der Suche nach dem Glück noch nicht beendet.

Auch andere Lebensphasen stellen Menschen vor die herausfordernde Aufgabe, endlich etwas zu finden, was den eigenen Bedürfnissen und Vorstellungen entspricht, um ein selbstbestimmtes glückliches Leben zu führen. In der Phase des Suchens stellt sich immer wieder das Gefühl der Unsicherheit ein. Dadurch wird diese Phase als überaus anstrengend und mitunter belastend empfunden. Wer es aber schafft, sich neu zu orientieren, wird bestenfalls am Ende ein klares Ziel vor Augen haben.

2. Phase – Streben

In der Phase des Strebens geht es an die Umsetzung! Denn das neue klare Ziel, die Veränderung benötigt eine durchdachte Planung. Es gibt die kleinen Ziele, die Sie leicht erreichen können, aber auch große Ziele, die eine große Herausforderung darstellen.

Dafür benötigen Sie Zeit. Zudem wird es garantiert auch den einen oder anderen Rückschlag geben. Sowohl die kleinen, wie auch die großen Ziele sind extrem wichtig, weil sie dafür verantwortlich sind, um glücklich werden zu können. Einmal genau hingeschaut ist auffällig, dass beide Ziele eines gemeinsam haben. Die Gemeinsamkeit liegt darin, dass sie für die Person wichtig sind. Durch die Umsetzung und Veränderung wird dem eigenen Handeln eine ganz neue Bedeutung gegeben.

Das Streben kann sich sehr vielseitig und facettenreich gestalten, weil es in hohem Maße vom jeweiligen Ziel abhängig ist.

3. Phase – Gleichgewicht

Genau in dieser dritten Phase, auf dem Weg zum eigenen Glück ergibt sich bei vielen Menschen eine Veränderung im Bezug auf den Fokus. Im Mittelpunkt steht nicht mehr, immer mehr zu erreichen. Das Hauptaugenmerk wird darauf gelegt, sich langfristig darüber zu freuen, was Sie sich während der oftmals anstrengenden Zeit erarbeitet haben. Damit schaffen Sie sich dafür das nötige Gleichgewicht. Da Glück und glücklich sein oft sehr schnelllebig ist, gehören für die Erhaltung des Glücks auch Pläne dazu, die Sie schmieden und eine Absicherung bereitstellen, um das Gleichgewicht zu erhalten.

4. Phase – Bedeutung

In dieser Phase geht es um das Erkennen der tieferen Bedeutung. Nachdem Sie es geschafft haben, ein Gleichgewicht herzustellen, wird jetzt nach der wirklichen Bedeutung Ihres Tuns und Handelns geschaut.

Ein kleines Beispiel: Ihr Ziel war es immer, in einem großen Unternehmen eine führende Position zu besetzen. Dafür haben Sie daraufhin gearbeitet und in der dritten Phase alles dafür getan, um ein stabiles Gleichgewicht herzustellen. Die tiefere Bedeutung Ihrer Bestrebung erkennen Sie, indem Sie sich über die Bedeutung Klarheit verschaffen. Können Sie mit dem, was Sie erreicht haben, Menschen helfen, etwas bewegen, mit Hilfe des Jobs der Familie mehr finanzielle Sicherheit bieten? Je größer die Bedeutung der jeweiligen Entscheidung oder Handlung ausfällt, desto größer wird das Glück sein, dass Sie empfinden werden.

5. Phase – Freude

Die ersten vier Phasen sind jetzt abgeschlossen. Ab jetzt können Sie sich endlich dem schönsten Teil des glücklich seins widmen. Es entsteht reine Freude, weil die gesetzten Ziele erreicht worden sind. Dabei haben Sie für Gleichgewicht gesorgt und eine Bedeutung gefunden, um die positive Situation langfristig zu erhalten. Jetzt dürfen Sie sich selbst loben, zurücklehnen und einfach nur das glücklich sein in vollen Zügen genießen. Da dieses empfundene Glück leider nur sehr selten von langer Dauer ist, werden Sie bald schon wieder mit der Phase 1 beginnen und nach einem neuen Ziel suchen, die Ihnen das erlebte Glücksgefühl wieder beschert.

Glücklich werden – auf diese 7 Dinge sollten Sie verzichten

Mit kleinen Veränderungen lässt sich Großes erreichen. Dazu gehört auf dem Weg zum eigenen Glück einmal die eigene Einstellung genauer zu betrachten. Indem Sie dort kleine Veränderungen durchführen, erzeugen Sie ein Gefühl von Zufriedenheit. Schauen Sie bei folgenden Punkten genau hin und verabschieden Sie sich davon. Dann funktioniert auch glücklich werden. Folgende Dinge sollten Sie versuchen umzusetzen:

1. Geben Sie den Gedanken auf, es allen recht machen zu können!

Schon der alte Platon wusste, dass es nicht funktioniert, es allen recht zu machen. Genau das ist es, was dem eigenen Glück im Wege steht.

Zitat: „Ich kenne keinen sicheren Weg zum Erfolg, aber einen Weg zum Misserfolg – es allen recht machen zu wollen."

Diejenigen, die immer nur darauf bedacht sind, nicht anzuecken, damit andere Menschen im Umfeld glücklich sind, verlieren die eigenen Ziele und das eigene Glück aus dem Auge. Es wird sich nur noch für andere verbogen.

2. Hören Sie auf, alles kontrollieren zu wollen!

Es gibt eine Menschengattung, die alles im Leben zu kontrollieren versucht. Diese sogenannten Kontrollfreaks haben Angst vor jeglichen Veränderungen und den Fehlern, die sie machen könnten. Der damit einhergehende Zwang, alles planen und kontrollieren zu müssen, beraubt diesen Menschen einen bedeutenden Teil an Lebensqualität. Sie brechen förmlich zusammen, wenn etwas nicht so funktioniert, wie sie es sich in Ihrer Vorstellung ausgemalt haben. Stellen Sie sich Veränderungen und führen Sie diese bewusst herbei. Damit werden Sie nicht nur glücklicher, sondern auch selbstbestimmter.

3. Geben Sie der Bewertung Ihrer Person durch andere kein Gewicht!

Glückliche Menschen haben ein ausgeprägtes Selbstwertgefühl und wissen, was sie wert sind. Wer aber sein Selbstwertgefühl von der Meinung anderer abhängig macht, wird immer ein nach Bestätigung Suchender bleiben. Verzweiflung an der eigenen Person stellt sich ein, wenn diese Bestätigungen einmal ausbleiben oder negativ ausfallen. Wenn Sie aber lernen, sich selbst als wertvoll zu sehen, stärken Sie ganz automatisch Ihr Selbstvertrauen. Damit wappnen Sie sich und können selbst mit Kritik besser umgehen und diese annehmen.

4. Lassen Sie keine Wut auf Ihr Umfeld und die Mitmenschen aufkommen!

Es gibt immer wieder solche Tage, an denen Sie sich über den Chef, die Kollegen, einen Kunden, den Partner und Familienmitglieder maßlos ärgern. Dieser Ärger und die dabei entstehende Wut schaden nur Ihnen selbst und führen zu Stress. Selbst Ihr Körper leidet darunter, weil sich der Puls deutlich erhöht und die Adern bis aufs Äußerste belastet werden. Ärger, Wut und die damit einhergehende Frustration rauben Ihnen nicht nur jede Menge Kraft, sondern führen zu einer eingeschränkten Sichtweise. Dieser sogenannte Tunnelblick lässt Sie nur noch das vermeintlich Negative sehen. Dabei gehen schnell die angenehmen Momente solcher Tage komplett unter. Versuchen Sie mit Wut und Ärger gelassen umzugehen. So bleibt Ihr Blick für alle Optionen erhalten, die sich Ihnen auch in solchen Situationen bieten.

5. Streichen Sie den Satz „was wäre wenn?" aus Ihrem Wortschatz

Die kleine Frage „was wäre wenn?" ist in die Zukunft gerichtet und stellt den Versuch bereit, alle Eventualitäten auszuschließen, die sich als Fehler oder falsche Entscheidung entpuppen könnten. Um Sorgen zu vermeiden, ist diese Fragestellung mitunter sinnvoll. Geht es bei den Gedanken und Fantasien aber um Dinge, die nicht beeinflussbar sind, ist diese kleine Frage völlig unangebracht. Es wird nur unnötig Energie und Kraft verschwendet, die sich besser nutzen lässt.

Konzentrieren Sie sich auf den Moment, den Augenblick und die jetzige Situation und nicht auf Dinge, die außerhalb Ihres Einflusses liegen.

6. Hören Sie auf, den Frust von anderen auf Ihre Person zu beziehen!

Es gibt frustrierte Menschen in Ihrem Umfeld, die sich immer nur schlecht und negativ äußern. Das können der Chef, die Kollegen und sogar der Partner oder ein Freund sein. Bewerten Sie diese Äußerungen nicht über. Diese Menschen brauchen nur ein Ventil, um den Frust loszuwerden. Nehmen Sie daher die Situation so hin und lassen Sie die negativen Äußerungen einfach an Ihnen abprallen.

7. Lassen Sie negative Erfahrungen aus der Vergangenheit dort, wo sie hingehören!

Menschen sind nicht fehlerfrei und jeder hat in seinem Leben Situationen erlebt, die er gerne rückgängig machen würde. Sich wegen solcher Dinge Gedanken zu machen sorgt nur dafür, dass Sie sich selbst ausbremsen, keine neuen Dinge angehen oder etwas ganz neues ausprobieren. Statt darüber nachzudenken, was früher war, sollten Sie lieber nur kurz einen Gedanken an den Fehler verschwenden. Schauen Sie, warum der Fehler überhaupt aufgetreten ist. Warum ist die Situation so aus dem Ruder gelaufen? Mit der Analyse betreiben Sie Schadensbegrenzung, weil Sie nach der bestmöglichen Lösung für das Problem suchen. Anschließend sollten Sie einen Haken dran machen und mit der Sache abschließen. Der Fehler hat dazu geführt, dass Sie wertvolle Erfahrungen sammeln konnten. Jetzt ist die Zeit gekommen, dass Sie motiviert neuen Herausforderungen entgegentreten.

Dinge, die im Alltag Glück bereitstellen

Ganz wichtig ist das Verständnis von Glück, das sich mit den Jahren und dem älter werden verändert. Je älter Menschen werden, desto mehr rücken die kleinen Dinge, die glücklich machen, in den Vordergrund. Es sind Dinge, die Ihnen im Alltag begegnen wie beispielsweise der heiße, köstliche Tee an einem kalten Winterabend, das ausgiebige Frühstück mit dem Lieblingsmenschen, die Sonnenstrahlen, die morgens ins Schlafzimmer scheinen, wenn Sie wach werden…

Im Alter lässt sich sogar die Lebenszufriedenheit steigern. Dieses fanden Forscher des Universitätsklinikums in Hamburg-Eppendorf heraus. Dafür wird nicht viel benötigt. Sie brauchen nur gelassener mit den Chancen umgehen, die Sie in Ihrem Leben vielleicht verpasst haben. Sie müssen jetzt aber nicht warten, bis Sie dieses Alter erreicht haben. Es gibt 8 Dinge, die Sie sofort für Ihre ganz persönlichen kleinen Glücksmomente nutzen können:

1. Hilfsbereitschaft

Da Menschen soziale Wesen sind, lassen sich durch zwischenmenschliche Beziehungen einzigartige Glücksmomente erzeugen. Schenken Sie anderen Menschen Ihre Aufmerksamkeit, betätigen Sie sich in einer der vielen sozialen Organisationen oder spenden Sie Geld, anstatt es für unnötige Dinge auszugeben. Schon kleine Gesten und Handlungen erzeugen nicht nur ein Glücksgefühl bei den Empfängern, sondern vor allen Dingen bei Ihnen selbst.

2. Sorgen Sie mit Lächeln für ein gutes Gefühl

Das menschliche Gehirn ist nicht in der Lage zu unterscheiden, ob Sie grundlos oder aus Freude über eine bestimmte Situation lächeln. Die Muskulatur, die Sie beim Lächeln nutzen, sendet positive Signale an das Gehirn. Es setzt aufgrund des positiven Signals Glückshormone frei, die Ängste lösen, die Wahrnehmung verbessern, Schmerzen lindern und Entzündungen hemmen. Diese positive Wirkung sollten Sie täglich nutzen.

3. Planen Sie schöne Dinge in Ihren Alltag ein

Durch die Vorfreude auf etwas Besonderes kommen Sie in den einzigartigen Genuss der schönsten Freude, weil Sie sich zu einem späteren Zeitpunkt etwas Schönes gönnen. Die Verzögerung ist eine wahre Quelle für Glück. Das gleiche gilt auch für Dinge, die Sie ganz spontan machen. Vorfreude erzeugen Sie beispielsweise mit einem langersehnten Urlaub oder einem besonderen Ereignis, auf das Sie hin fiebern. Sie werden feststellen, dass sich Ihre Laune ganz automatisch verbessert.

4. Powern Sie sich beim Sport aus

Auch wenn Sie dafür am Tag nicht viel Freiraum schaffen können, sollten Sie wenigstens ein paar Minuten Sport treiben. Erwiesenermaßen ist Sport das perfekte Mittel für die Steigerung des Wohlbefindens. Körperliche Anstrengung hält nicht nur fit und gesund, sondern baut auch Stress ab und hilft Ihnen dabei, die nötige Distanz zu Alltagsproblemen zu erlangen.

5. Gehen Sie vor die Türe und genießen Sie die frische Luft

Aktivitäten, die Sie draußen unternehmen, sorgen dafür, dass sich Ihre Stimmung verbessert und sich das Selbstwertgefühl intensiviert. Bereits fünf Minuten radfahren, spazieren gehen, Inliner fahren oder wandern in freier Natur reicht schon aus. Die Atmosphäre, die Sie dabei genießen, hat eine entspannende Wirkung.

6. Spontan sein

Gerade unerwartete Ereignisse und Überraschungen sorgen dafür, dass sich Ihre Stimmung von jetzt auf gleich, hebt. Verantwortlich dafür ist Dopamin, das in diesem Moment ausgeschüttet wird, wenn Sie beispielsweise von einem sympathischen Kellner den bestellten Kaffee geschenkt bekommen.

Das ausgeschüttete Hormon wirkt nicht nur anregend, sondern sorgt zudem für eine Steigerung der Wahrnehmungsfähigkeit.

7. Herausforderungen sind dafür da, dass Sie sich diesen stellen

Herausforderungen sind eine tolle Sache, um das Belohnungszentrum im Gehirn zu aktivieren. Denn Sie haben etwas geschafft, woran Sie bisher gescheitert sind und haben etwas dazugelernt. Es stellt sich Freude und Spaß ein, neue Herausforderungen anzugehen, weil Sie wissen, dass es Ihnen leicht fällt und gelingt.

8. Zeit mit der Familie und Freunden verbringen

Die Beziehung zu anderen Menschen und speziell zu Familie und Freunden gestalten das Leben besonders. Daher sollten Sie Ihre Lieblingsmenschen niemals vernachlässigen. Später werden Sie es bereuen. Denn das eigene Wohlbefinden wird durch zwischenmenschliche Beziehungen beeinflusst. Die gemeinsame Zeit, die Sie mit Ihrer Familie und Ihren Freunden verbringen gibt Ihnen Halt, sorgt für Sicherheit, stärkt den Selbstwert und bereitet damit ein glückliches Gefühl.

Glücksfaktoren, die Sie zufriedener und glücklicher machen

Auch wenn sich Glück nicht allgemein definieren lässt, gibt es allgemeingültige Glücksfaktoren, die darüber entscheiden, ob Menschen glücklich und zufrieden oder unglücklich sind. Darüber sind sich sogar Forscher und Wissenschaftler einig. Diese fünf Glücksfaktoren sind die Wichtigsten und dafür verantwortlich, wie gut und glücklich Sie sich fühlen:

1. Die Gesundheit

Zitat: „Gesundheit ist gewiss nicht alles, aber ohne Gesundheit ist alles nichts." Arthur Schopenhauer (Philosoph)

In diesem Satz steckt sehr viel Wahrheit. Denn erst, wenn die Gesundheit beeinträchtigt ist, wird dem Menschen klar, welchen Stellenwert sie als Glücksfaktor einnimmt. Durchgeführte Studien kommen zu einem Ergebnis, das eigentlich nicht überrascht. Gesunde Menschen sind deutlich glücklicher. Die Wirkung in die andere Richtung ist umso interessanter. Denn glückliche Menschen haben eine bessere Gesundheit!

So reduzieren glückliche Gefühle das Risiko, einen Herzinfarkt zu erleiden. Genauso erholen sich glückliche Menschen nach einer Krankheit deutlich schneller.

2. Soziale Beziehungen

Soziale Kontakte und die daraus entstehenden Beziehungen sorgen für Zufriedenheit, weil Menschen im Umfeld vorhanden sind, mit denen Sie sich gerne umgeben. Diese Zugehörigkeit ruft ein Glücksgefühl bei jedem einzelnen hervor. Dabei kommt es nicht auf die Massen an, sondern auf die starke Bindung, die zwischen Ihnen und den anderen Personen besteht. Diese starke Bindung ist dafür verantwortlich, dass Sie sich selbst als glücklicher beschreiben.

Wer dieses von sich sagen kann, wird seltener an psychischen Problemen leiden. Dieser positive Effekt stellt sich bei Menschen ein, die Sie persönlich kennen und mit denen Sie regelmäßigen Kontakt pflegen. Ihre Freunde in sozialen Netzwerken wie Facebook, Twitter, Instagram und Co. machen hingegen nicht glücklicher.

3. Die innere Einstellung

Mit Ihrer inneren Einstellung haben Sie das beste Werkzeug in der Hand, um Ihr persönliches Glück zu beeinflussen. Dementsprechend trägt eine positive Einstellung dazu bei, dass Sie Dinge nicht an sich heranlassen, aus einer anderen Perspektive betrachten können und dadurch mit Zuversicht nach vorne schauen. Damit ist nicht der reine Optimismus gemeint, sondern vielmehr das Verstehen der eigenen Gefühle und die Fähigkeit, daran zu arbeiten. Wenn Sie verstehen, warum Sie gerade sauer sind, können Sie das Gefühl neu bewerten. Damit erfolgt das Verarbeiten, sodass Sie aus dieser Situation gestärkt und mit neuer Energie hervorgehen. Das Resultat daraus ist: Sorgen und Stress wirken weniger belastend. Gleichzeitig steigern Sie Ihr Selbstbewusstsein und werden glücklicher.

4. Selbstbestimmtheit

Mit Selbstbestimmtheit haben Sie sicher schon einmal Erfahrungen gemacht. Damit sind Dinge gemeint, die Sie aus eigenem Antrieb heraus in die Wege geleitet haben.

Können Sie sich an das Gefühl erinnern, dass sich eingestellt hat? Wenn Sie an diese Selbstbestimmtheit zurückdenken, wird Ihnen einfallen, dass Engagement, Motivation und Durchhaltevermögen größer waren und Sie bessere Leistung erbracht haben. Werden Sie hingegen von anderen zu etwas gedrängt, ergibt sich eine Umkehrung. Es fehlt an all den Dingen, die Sie glücklich und zufrieden machen. Durch eigenständiges, selbstbestimmtes Handeln erleben Sie ein Glücksgefühl. Dieses bestätigen auch Studien, in denen mit Fragebögen neben Zufriedenheit und persönlichem Glück, auch die Höhe der dabei empfundenen Selbstbestimmung hinterfragt wurde. Dementsprechend sind Menschen deutlich glücklicher, wenn sie über ihr handeln selbst entscheiden können.

5. Der Sinn

Menschen sind deutlich glücklicher, wenn sie in ihrem Tun und Handeln einen Sinn sehen. Dieser Sinn bezieht sich auf die Arbeit, genauso wie auf den normalen Alltag, wo viele Dinge auf Sie warten.

Diese Gegebenheiten und Situationen zeigen Ihnen, dass sie gebraucht werden. In der Umkehrung entstehen Gefühle wie Nutzlosigkeit. Das führt dazu, dass die Zufriedenheit und das glücklich sein herabgesetzt wird. Den Sinn in einer Sache zu sehen beruht nicht darauf, ob es eine Bezahlung dafür gibt. Glück wird empfunden, wenn Ihnen die Dinge Freude bereiten, Spaß machen und sich ein Gefühl von gebraucht werden einstellt.

Dankbarkeit – das Zauberwort für Glück und Erfolg

Wie ist es um Ihre Dankbarkeit bestellt? Wann haben Sie das letzte Mal gezeigt, dass Sie dankbar sind? Wenn Sie jetzt denken, dass sich das nach positiver Psychologie anhört oder altmodisch ist, sind Sie komplett auf dem Holzweg. Gerade heute wird Dankbarkeit ein ungeahnt hoher Stellenwert beigemessen. Daher ist es so wichtig, Zufriedenheit und Glück zu erlangen. Gleichzeitig lässt sich damit perfekt Ärger, Frust und Neid bekämpfen. Dankbarkeit ist das, wonach sich die Menschen am meisten sehnen. Es reicht schon ein einfaches Dankeschön für die Dinge, die Sie geleistet haben oder für Ihre Großherzigkeit, um bei Ihnen ein Glücksgefühl auszulösen. Nicht umsonst gibt es aus vielen Richtungen immer wieder Ermahnungen, positiv den Tag Revue passieren zu lassen und für alle erlebten Dinge dankbar zu sein. Sie kommen von Philosophen und Schriftstellern, genauso wie von der Oma, die auch weiß, wovon sie spricht. Dankbarkeit ist ein wundervolles Zauberwort. Es öffnet viele unterschiedliche Türen. Dazu gehören auch Erfolg und ein erfülltes, glückliches Leben, wie durch mehrere Studien belegt wird.

Es gibt gleich etliche Definitionen zu Dankbarkeit. So sagt beispielsweise Robert Emmons, der sich bei seinen Forschungen intensiv damit beschäftigt hat, dass Dankbarkeit nicht nur Danke sagen umfasst, wenn jemand Ihnen etwas Gutes getan hat.

Zitat: *„Dankbarkeit ist das Gefühl des Staunens, des Dankbar-seins und der Feier des Lebens." Robert Emmons (Handbook of Positiv Psychology 2002)*

Und Bonmot sagt über Dankbarkeit:

Zitat: *„Dankbarkeit ist das Gedächtnis des Herzens."*

Nachgewiesen ist, dass schon Kleinigkeiten, die Freude bereiten, glücklich machen. Wenn Sie es in Ihrem Leben schaffen, eine dankbare Haltung anzunehmen, räumen Sie sich Freiräume ein, um geistig zu rasten, sich zu besinnen und innezuhalten. Dafür stehen Ihnen im gesamten Leben jede Menge Möglichkeiten zur Verfügung:

- Ihr gesundheitliches Wohlbefinden
- die glückliche Beziehung, die Sie mit Ihrem Partner führen
- Ihre Kinder, die gesund sind und ihren eigenen Weg gehen

- Ihre Freunde, die Ihnen zur Seite stehen
- Ihre Freizeit, die Sie mit den Dingen füllen, die Ihnen Freude bereiten
- der Job, der Ihnen Spaß macht
- das Lächeln, das Sie von einem anderen Menschen geschenkt bekommen

Beantworten Sie sich doch einfach selbst die Frage, für welche Dinge Sie dankbar sein können. Sie werden garantiert eine ganze Menge finden. Fehlt es an Dankbarkeit, ist das Sichtfeld sehr eingeschränkt. Denn das Leben weist Lücken auf, wodurch Gefühle wie Unvollständigkeit und Leere entstehen. Es entsteht Neid, Unzufriedenheit und hat zur Folge, dass Sie unglücklich sind. Es gibt nicht nur gute, sondern auch schlechte Tage. Wenn Sie aber erkennen, dass jeder Tag, auch die Schlechten, etwas Gutes mitbringen, kann Dankbarkeit das Leben, die innere Haltung und Sichtweise verändern und zu einem glücklicheren Leben führen.

Dankbarkeit macht stark, gesund und glücklich – Erkenntnisse der positiven Psychologie

Einmal in der neuzeitlichen Wissenschaft und positiven Psychologie vorbeigeschaut, wird der Stellenwert einer dankbaren Haltung besonders deutlich. Denn sie gilt als wirkungsvolle und intensive Lebenseinstellung, um Glück zu erlangen, anzuziehen und glücklich zu werden. Der Frage, in welcher Form Dankbarkeit die Gesundheit, das Wohlbefinden und das gesamte Leben beeinflussen, wurde in etlichen Untersuchungen auf den Grund gegangen. Dabei kam heraus, dass Dankbarkeit große Wirkung auf Körper und Geist hat und damit eine hohe Lebenszufriedenheit bereitstellt. Menschen, die Dankbarkeit empfinden, sind glücklicher, haben eine optimistischere Einstellung, sind einfühlsamer, belastbarer und gesünder.

Die folgenden Beispiele, die der Medizin-Forschung und Psychologie entstammen, zeigen Ihnen, was Dankbarkeit bewirkt.

1. Die Experimente von Robert Emmons und Michael McCullough im Bezug auf Dankbarkeit und glücklich sein:

Die beiden Psychologen führten Experimente mit Probanden durch und teilten diese in zwei Gruppen auf, wo die erste Gruppe für einige Minuten darüber nachdenken sollte, wofür sie dankbar in ihrem Leben sind. Die zweite Gruppe bekam die Aufgabe, sich über irgendetwas Gedanken zu machen. Über 10 Wochen wurden die kleinen Reflexionsübungen immer wieder wiederholt. Die Beobachtung der Teilnehmer während des gesamten Zeitraums zeigte, dass die Personen, die darüber nachgedacht haben, wofür sie dankbar sind, einen größeren Optimismus und mehr Motivation hatten. Gleichzeitig war auffällig, dass sich die Gesundheitswerte und das Immunsystem verbesserten. Dementsprechend sind Menschen mit einer dankbaren Denkweise gesünder und glücklicher !

2. Das Experiment von Psychologie Professorin Sara Algoe der North Carolina University in Chapel Hill mit frisch verliebten Paaren: Die Psychologie Professorin hat für das Experiment jeden einzelnen der Teilnehmer über zwei Wochen ein Tagebuch führen lassen. Darin sollte am Ende des Tages aufgeschrieben werden, ob ihnen der Partner an diesem Tag etwas Gutes getan hat und ob sie selbst dem Partner etwas Gutes getan haben. Darüber hinaus sollten die dabei empfundenen Gefühle, die Empfindungen im Bezug auf die Verbundenheit und die Denkweise über die Partnerschaft aufgeschrieben werden. Die Auswertung der Tagebücher ergab folgendes: 35 Prozent notierten, dass sie dem Partner einen Gefallen getan haben und ihn zuvorkommend behandelt haben. Beide Partner zeigten zudem auf, dass sie davon ausgehen, dass der Partner ihnen am Tag 40 Prozent der Zeit das gleiche Gefühl entgegenbringt. Deutlich ersichtlich war die Dankbarkeit und tiefe Verbundenheit, die dahinter steckt. Herausgefunden wurde zudem bei weiteren Experimenten und Studien, dass Dankbarkeit,

- das Herzinfarktrisiko senkt, Beschwerden von Herzerkrankungen verringert und eine Erhöhung der Herzfrequenzvariabilität hervorrufen.

- gegen Schlafstörungen hilft, Menschen schneller einschlafen und tiefer schlafen lässt.

- den empfundenen Stress reduziert, Menschen widerstandsfähiger machen und damit psychischen Erkrankungen entgegenwirkt.

- einen großen Einfluss hat, wenn Angststörungen und Depressionen behandelt werden.

Gerade letztere Aussage wird durch Studien von Prathik Kini und seinem Forscherteam von der Universität von Indiana bestätigt. Für die Studien nutzten sie Patienten, die wegen Angststörungen und Depressionen in Behandlung waren. Ihre Aufgabe bestand darin, dreimal in der Woche, über einen Zeitraum von 20 Minuten Briefe zu schreiben. In diesen Briefen sollten sie ihre Dankbarkeit gegenüber dem Empfänger zum Ausdruck bringen.

Nach einer dreimonatigen Durchführung wurden die Patienten Hirnscans unterzogen, die anschließend mit den Ergebnissen einer Kontrollgruppe verglichen wurden.

Dabei stellte sich heraus, dass die Dankschreiben mehr Hirnaktivität hervorgerufen haben als positive Empfindungen. Im Ergebnis bedeutet dieses, das Üben und Verinnerlichen des Gefühls der Dankbarkeit, intensive und dauerhafte Veränderungen im Gehirn herbeiführen und damit ein positives Lebensgefühl bereitstellen. Daher gilt: Gelebte Dankbarkeit hat immer positive Effekte im Gepäck!

Zitat: *„Nicht die Glücklichen sind dankbar. Es sind die Dankbaren, die glücklich sind." Sir Francis Verulam Bacon*

Lernen Sie Dankbarkeit und stärken Sie das Gefühl

Dankbarkeit lernen und das Gefühl stärken lässt sich mit dem Muskelaufbau im Fitnessstudio vergleichen, wenn Sie Ihren Körper stählen und neu definieren wollen. Brechen Sie das intensive, regelmäßige Training ab, erschlafft die Muskulatur und Sie werden niemals den Traumkörper erhalten. Genau das Gleiche passiert mit Dankbarkeit.

Menschen sind vielfach leider so gestrickt, dass Dingen, die sie bereits haben, kaum noch Wertschätzung entgegengebracht wird. Es tritt eine Art Blindheit gegenüber diesem einzigartigen Reichtum ein. Diese sorgt dafür, dass die positive Wirkung, die Dankbarkeit mit sich bringt, wie eine Seifenblase zerplatzt. Der klassische Gewöhnungseffekt zeigt ein trauriges Bild, weil die wertvollen Dinge zur Selbstverständlichkeit geworden sind. Selbstverständlich sind sie aber noch lange nicht. Ein gutes Beispiel dafür ist die eigene Gesundheit. Erst wenn diese durch schwere Krankheit nicht mehr vorhanden ist, wird den Menschen klar, was sie zuvor besessen haben.

Daher ist es enorm wichtig, dass Sie sich tagtäglich bewusst machen, für welche Dinge Sie dankbar sein sollten, können oder vielleicht sogar dankbar sind. Mit diesem Bewusstsein trifft eine Veränderung ein, die sich auf viele Bereiche auswirkt.

- Sie werden Ihr eigenes Leben wieder mehr wertschätzen
- Sie stärken Ihr Selbstvertrauen und werden selbstbewusster
- Sie wirken anziehender auf andere, weil Ihre Ausstrahlung Zufriedenheit suggeriert
- Sie brauchen weniger, um glücklich zu sein und können Versuchungen besser widerstehen
- Sie reagieren mit weniger Stress auf eintretende Veränderungen
- Sie sind widerstandsfähiger und haben weniger Ängste
- Möglichkeiten und Chancen werden besser erkannt
- Krisen werden gelassener gesehen und dadurch schneller bewältigt
- das Selbstwertgefühl und Wohlbefinden bekommt einen ordentlichen Schub

- Sie bereiten den Weg für ein erfülltes, glückliches Leben

Doch wie lässt sich Dankbarkeit lernen und verstärken? Mittlerweile gibt es dafür unzählige Tipps, die Sie nutzen können. Probieren Sie doch einfach eine der folgenden Methoden aus:

5-Finger-Methode

Die Methode wurde von Elsbeth Martindale entwickelt. Anstatt Knoten im Taschentuch, die Sie an Ihre Dankbarkeit erinnern, brauchen Sie nur Ihre Hand. Jedes Mal, wenn sich Unzufriedenheit einstellt oder die nötige Motivation fehlt, zählen Sie an jedem Finger Dinge auf, die in Ihrem Leben schön, ermutigend und befriedigend sind:

Daumen – Führen Sie sich vor Augen, worauf Sie wirklich stolz sind und werden Sie sich Ihrer Stärken sowie Talente bewusst. Darauf können Sie stolz sein!

Zeigefinger – Nutzen sie den Finger dafür, auf etwas Schönes und Inspirierendes zu zeigen, das sich in Ihrem Umfeld befindet und Sie begeistert.

Mittelfinger – Benennen Sie Gefälligkeiten, Dinge und Sachen, mit denen Sie anderen Menschen etwas Gutes getan haben und resümieren Sie über das damit einhergehende positive Gefühl. Jetzt können Sie schauen, wo und bei wem heute eine Wiederholung möglich ist.

Ringfinger – Lassen Sie die Erinnerungen schweifen und denken Sie an Menschen, denen Sie aus tiefstem Herzen Liebe entgegenbringen und an solche Menschen, die innige Gefühle hervorrufen.

Kleiner Finger – Packen Sie Worte, wofür Sie besonders dankbar in Ihrem Leben sind.

Diese 5-Finger-Methode bietet nicht nur einen besonderen Charme, sondern verfehlt niemals die Wirkung!

5-Münzen Trick

Dieser Trick stammt vom Vorsitzenden und CEO der Altlanta Consulting Group Hyler Bracey, der jeden Tag in der Tasche seiner Anzugjacke fünf Münzen bei sich trug und jedes Mal, wenn er einem Mitarbeiter ein Lob aussprach, eine Münze aus der einen Tasche in die andere steckte. Mit dieser Technik gelang es Bracey, sich das Loben der Mitarbeiter für Ihre gute Arbeit anzutrainieren. Nicht nur im Berufsleben, sondern auch um die eigene Dankbarkeit im normalen Alltag zu trainieren, lässt sich dieser Trick sehr gut nutzen. Die Münzen stehen dabei nicht für ein Lob, das Sie anderen geben. Sie stehen für die bewusst erkannten Erlebnisse, denen Ihre Dankbarkeit gehören sollte.

Dankbarkeits-Tagebuch

Beim Führen eines solchen Tagebuchs beantworten Sie
sich selbst täglich die Frage, wofür Sie heute dankbar
sind. Durch diesen Tagesrückblick ergibt sich nicht nur
das Bewusstsein, wie gute es Ihnen doch geht. Durch das
Aufschreiben sensibilisieren Sie Ihre Sinne und sehen
lohnenswerte Dinge deutlicher, die Ihre Dankbarkeit
verdienen. Dadurch erleben Sie Beziehungen und
Erfahrungen bewusster und können diese bewusster
spüren und genießen. Schnell fällt Ihnen auf, dass es die
kleinen Dinge sind, die eine große Wirkung haben.

Übungen für die Achtsamkeit

Achtsamkeit steht in enger Verbindung mit Ihrem eigenen Glück. Denn achtsame Menschen erleben einzelne Augenblicke bewusst im selben Moment. Sie halten kurz inne und nehmen die Schönheit und Besonderheit des Augenblicks auf, bevor dieser im Nichts verschwindet. Wenn sich in Ihrem Tagesablauf ein kleiner Freiraum ergibt, nutzen Sie diesen für eine kleine Pause und nehmen Sie die unterschiedlichen Eindrücke um Sie herum auf. Der schöne Garten, der Blumenstrauß auf dem Esstisch, der Arbeitsplatz und vieles weitere bieten Ihnen so viele kleine Details, die Sie genau betrachten, sogar abtasten und berühren können. Geben Sie sich ruhig Ihren spontanen Impulsen hin und schenken Sie Ihren Sinnen die volle Aufmerksamkeit. Alles andere sollte in einem solchen Moment zur Nebensächlichkeit werden. Sie spüren garantiert ein gutes Gefühl und Dankbarkeit. Wie sich zusammenfassend zeigt, stärkt das Üben und Trainieren von Dankbarkeit die mentale Gesundheit, wodurch Sie sich selbst, aber auch Ihren Mitmenschen einen Gefallen tun. Denn als dankbarer Mensch glauben Sie daran, dass:

1. jeder neue Tag ein wundervolles Geschenk ist

2. jeder mit unterschiedlichen Dingen gesegnet ist

3. jede Herausforderung ungeahnte Chancen bereitstellt

4. Fehler machen zum Leben dazugehört

5. nicht viel gebraucht wird, um glücklich zu sein

6. es anderen Menschen schlechter geht als Ihnen selbst

7. das größte Geschenk das Leben ist

Umgang mit Dankbarkeit

Oftmals fällt es auch schwer, mit einem Dankeschön und der Dankbarkeit anderer Menschen umzugehen. Sie haben garantiert auch schon erlebt, dass Sie jemandem geholfen oder einen Gefallen getan haben und diese Person sich für Ihre Hilfe tausendmal bedankt. Genauso kann es passieren, dass Sie wegen einer Kleinigkeit beispielsweise das Aufhalten der Eingangstüre oder der Fahrstuhltüre ein Dankeschön und ein Lächeln erhalten.

Dankzusagen ist in der heutigen Zeit nicht mehr selbstverständlich. Oftmals kann man damit auch gar nicht umgehen, wenn diese einem von anderen Menschen entgegengebracht wird. Dabei ist es so einfach Dankbarkeit anzunehmen und sich darüber zu freuen. So können Sie darauf reagieren:

1. Nehmen Sie das Dankeschön ruhig an. Falscher Charme ist an dieser Stelle völlig verkehrt, gerade wenn Ihnen der Dank zusteht. Freuen Sie sich darüber, einfach so. Dafür braucht es keine großen Worte oder Gesten.

2. Sie dürfen der anderen Person auch zeigen, dass Sie sich über das Dankeschön freuen und brauchen dieses nicht zu verstecken. Es reicht schon eine kleine, nette Geste, ein Lächeln oder die einfachen Worte: „Habe ich gerne gemacht!"

3. Leider ist Dankbarkeit in unserer heutigen Gesellschaft vielfach in Vergessenheit geraten.

Zitat: „Danke! – Ist zwar kurz und prägnant, aber den wenigsten bekannt." Erhard Blanck

Allerdings gibt es immer noch Exemplare, die Dankbarkeit zeigen. Genau diese Menschen sollten Sie ermutigen. Ein herzlich gemeintes Dankeschön für den Dank ist grundsätzlich nicht zu viel verlangt.

Bonuskapitel:
23 ultimative Glück Tipps

Auch wenn es keine allgemein gültige Glücksformel gibt, lassen sich viele Dinge im Leben finden, die glücklicher machen können.

1. Frust herauslassen: Sie müssen nicht alles in sich hineinfressen. Sehr hilfreich sind emotionale Ausbrüche, die sich kurz und gezielt gestalten. Das ist ähnlich wie beim Sport. Denn durch den kleinen Ausbruch machen Sie Ihrem Ärger Luft. Sehr gut funktioniert beispielsweise, wenn Sie mit der Faust auf den Tisch hauen, den Bildschirm auf Ihrem Schreibtisch beschimpfen oder mit dem Fuß aufstampfen. Durch kleine, gezielte Wutausbrüche stärken Sie Ihr Selbstbewusstsein, weil Sie sich einfach etwas trauen!

2. Veränderungen herbeiführen: Schon kleine Dinge wie den Tagesablauf organisieren, aufräumen oder endlich die Ablage sortieren setzt ungewohnte Aktivkräfte frei, weil Sie Ihre Gewohnheiten ändern. Sie werden sehen, dass sich Ihre Stimmung deutlich verbessert.

Sie sehen, dass Sie etwas geschafft haben. Und genau das ist es, was Sie zufrieden und glücklich macht!

3. Pause machen: Im stressigen Job oder Alltag ist das vielleicht nicht immer möglich. Doch sollten Sie bedenken, dass kleine Auszeiten eine unglaubliche Wirkung haben. Durch die Zeit, die nur Ihnen gehört, werden Sie belastbarer. Gleichzeitig bewirken die kleinen Auszeiten, dass Sie zufriedener und glücklicher werden.

4. Um Hilfe bitten: Es gibt Dinge, die alleine nicht zu schaffen sind, wo Hilfe gebraucht wird. Scheuen Sie sich nicht um Hilfe zu bitten. Keiner wird Sie dafür verurteilen. Vielmehr zeigen Sie Größe. Denn Sie gestehen sich Ihre Schwächen ein. Die Hilfe, die Sie dabei von anderen bekommen macht Sie garantiert glücklich!

5. Unterhaltungen führen: Gespräche über unterschiedliche Themen mit Bekannten und Freunden sind nicht nur gute Möglichkeiten, um die Menschen noch besser kennenzulernen und die Beziehungen weiter auszubauen, sondern helfen auch dabei, Stress abzubauen.

6. Alte Kontakte wieder aufleben lassen: Es gibt da diese Freunde, die Sie aus den Augen verloren haben, weil sie vielleicht nach dem Studium in eine andere Stadt gezogen sind, die gemeinsamen Interessen sich verlagert haben oder eine Familie gegründet wurde und Sie sich damit noch nicht identifizieren konnten. Lassen Sie solche Kontakte wieder aufleben. Solche Menschen können nicht nur wieder zu guten Freunden werden. Vielleicht haben sie ja spannende Anregungen für die Gestaltung Ihres eigenen Lebens.

7. Musik: Sie hören Ihr Lieblingslied im Radio und beginnen sofort mitzusingen, weil Sie den Text des Liedes auswendig können. Bekanntermaßen, das ist auch erwiesen, verbessert Musik die Stimmung. Werden Sie doch einfach aktiv und schauen Sie in Ihrer Stadt, ob es da nicht die Möglichkeit gibt, dass Sie nicht nur der Musik lauschen, sondern aktiv werden können. Es muss ja nicht gleich ein großer Chor mit vielen öffentlichen Auftritten sein. In vielen großen Städten gibt es Mitsingkonzerte die Freude bereiten und glücklich machen.

8. Tanzen: Dass Bewegung guttut und die Laune verbessert funktioniert auch, wenn Sie sich beim Tanzen körperlich betätigen. In jeder Stadt gibt es Clubs, in denen Sie nach Herzenslust, einfach nur zappeln, Standardtänze tanzen oder gewagte Choreografien auf der Tanzfläche vollführen können. Zur stupiden Büroarbeit ist Tanzen ein guter Ausgleich. Gleichzeitig wirkt es entspannend und macht sofort glücklich!

9. Genug Schlafen: Wer zu wenig schläft, beeinflusst das Glücksempfinden. Versuchen Sie daher regelmäßig gesund und vor allen Dingen genug zu schlafen, um Ihre Batterien aufzuladen und leistungsfähig zu bleiben.

10. Einfach mal abschalten: Nehmen Sie dieses wortwörtlich und eliminieren Sie alles, was stört und Stress bereitet, wenn Sie sich entspannen wollen. Schalten Sie PC, Handy und das Telefon aus. Schließen Sie die Türe, schaffen Sie mit wenig Licht eine angenehme Atmosphäre und suchen Sie sich einen Punkt im Raum, den Sie fixieren. Dabei sollten Sie an nichts denken, sondern die Gedanken Ihren eigenen Weg finden lassen.

11. Setzen Sie Prioritäten: Sie selbst haben die Entscheidung in der Hand, was wichtig oder dringend ist, was unbedingt delegiert werden muss und was im Moment nicht wichtig ist. Um solche Prioritäten zu setzen, ist die Eisenhower-Methode bestens geeignet. Sie können aber auch die ABC-Technik verwenden. Indem Sie Ordnung schaffen, bekommen Sie einen guten Überblick, der Ihnen Sicherheit und Entspannung gibt.

12. Bleiben Sie realistisch: Eine Alles-oder-Nichts-Einstellung bringt Sie nicht weiter. Sie ist der Denkmantel für Ihre Angst, nicht vollkommen zu sein, weil einmal etwas nicht rund läuft. Es muss nicht immer alles 100-prozentig sein. Auch 70 oder 80 Prozent sind ausreichend, um Glück zu empfinden. Vielleicht haben Sie Ihr Ziel einfach zu hoch gesteckt. Genießen Sie die kleinen Dinge, die genauso viel wert sind.

13. Entdecken Sie Ihre Kreativität: In jedem Menschen stecken verborgene Talente, die nur jeder für sich selbst entdecken muss. Beginnen Sie doch einfach mit malen, zeichnen, dichten, singen, musizieren, konstruieren und machen Sie etwas, das Sie bisher noch nicht gemacht haben.

Neue, kreative Dinge sind tolle Herausforderungen und Ausdruck Ihrer schöpferischen Ideen. Es ist sogar nachgewiesen, dass Kreativität glücklich macht.

14. Entdecken Sie das spielende Kind in sich neu: Viele Erwachsene haben leider das Kind in sich und die Freude des Spielens vergessen. Als Ersatz für Spielen kommt Sport zum Einsatz. Versuchen Sie sich doch einfach mal daran zu erinnern, wieviel Spaß Sie früher beim Spielen hatten und wie glücklich Sie dabei waren. Es gibt so tolle Gesellschaftsspiele, die Sie für einen Spieleabend mit Freunden und Bekannten nutzen können. Solche Abende sind lustig, befreien von Stress und machen glücklich.

15. Projekte zum Abschluss bringen: Sie haben garantiert auch Baustellen und Projekte, die Sie vor sich herschieben. Packen Sie die Projekte und Baustellen an und schließen Sie diese ab. Wenn Sie eine Aufgabe abgeschlossen haben, fühlen Sie sich gleich viel besser. Es wird sich sogar ein wenig Stolz einstellen, da Sie es endlich geschafft haben. Das wird Sie garantiert mit Glück erfüllen.

16. Entzünden Sie ein Feuer: Die wärmenden Flammen eines Feuers, das Knacken der Holzscheite im Kamin, aber auch das warme, flackernde Licht von Kerzen beeinflussen die Stimmung positiv. Wenn Sie keinen Kamin oder im Garten keine Feuerstelle haben, zünden Sie sich abends einfach ein paar Kerzen an und lassen Sie das stimmungsvolle Licht auf sich wirken.

17. Ein schönes Bad genießen: Warmes Wasser, dazu angenehme Düfte, die die Sinne betören sind ideal, um die Seele baumeln zu lassen. Gestalten Sie mit Kerzen eine schöne Atmosphäre und gönnen Sie sich ein Glas Rotwein. Schnell werden Sie in die wohltuende Atmosphäre eintauchen, Stress loslassen und sich glücklich fühlen.

18. Gerüche: Alle Düfte, die Sie aufnehmen haben direkten Einfluss auf das Gehirn und wecken Instinkte. So gibt es beispielsweise bestimmte Aromen und Düfte, die für Entspannung sorgen. Als Öle lassen sich diese sehr gut in einer Duftlampe nutzen. Es gibt aber auch

Kerzen, die beim Abbrennen Düfte an den Raum abgeben.

Vanille und Rosenduft können dabei helfen, Stress abzubauen, Lavendel wirkt beruhigend, Zitronenaroma fördert die Konzentrationsfähigkeit und Minze belebt den Geist. Suchen Sie sich Ihren speziellen Duft und genießen Sie seine Wirkung.

19. Meditation: Sie ist eine gute Möglichkeit, um Dinge loszulassen, neu zu sortieren, die Wichtigkeit zu erkennen, Prioritäten umzuverteilen und neu zu gestalten. Neben dem Meditieren können Sie genauso gut beten und dabei Ihren Gedanken freien Lauf lassen.

20. Massagen: Eine wohltuende Massage wirkt entspannend, wenn der Rücken, Nacken, die Schultern, der Kopf und andere Körperregionen mit sanftem Druck und kreisenden Bewegungen der Finger massiert werden. Gönnen Sie sich ruhig eine professionelle Massage. Sie fördert die Durchblutung, hilft Ihnen dabei zu entspannen und sich auf die wichtigen Dinge im Leben zu konzentrieren. Nämlich auf sich selbst. Das macht glücklich!

21. Essen Sie gesund: Ernährungsstudien belegen, dass eine gesunde, ausgewogene Ernährung großen Einfluss auf Sie hat. Nicht umsonst heißt es: „Du bist, was Du isst!"

Eine köstliche, ausgewogene Mahlzeit hilft dabei, Stress abzubauen, ist für die Erhaltung der Figur gut und kann den Körper sogar entschlacken. Gönnen Sie sich gesundes, ausgewogenes Essen und genießen Sie die Mahlzeiten!

22. Licht: Sie kennen das Phänomen in der dunklen Jahreszeit, wo Sie nach Ihrer Motivation suchen und die Laune an der Nullgrenze liegt. Grund dafür ist das fehlende Sonnenlicht, wodurch sich ein Vitamin D Mangel ergibt. Das Vitamin stellt der Körper selber her. Dafür benötigt er ausreichend UV-Licht, wovon Sie im Winter nur sehr wenig bekommen. Wer viel arbeitet und nur wenig das Tageslicht genießt, kennt das Phänomen auch im Sommer. Gehen Sie in der Mittagspause hinaus und genießen Sie das Tageslicht und die warmen Sonnenstrahlen. Alternativ lässt sich aber auch eine Tageslichtlampe im Büro aufstellen oder das Sonnenstudio besuchen.

23. Sinne aktivieren: Laufen Sie mit offenen Ohren und Augen durch das Leben. Die Geräusche der Natur und Farben haben Ihnen so vieles zu erzählen. Geräusche haben ihren eigenen Rhythmus, der beruhigend wirkt und Sie träumen lässt.

Mit Farben lassen sich bewusst Effekte erzielen. So wirkt Blau beruhigen, Grün auflockernd, Gelb kreativ, Orange und Rot anregend.

"Jetzt steht Ihnen nichts mehr im Wege, um Ihr Selbstbewusstsein, Ihre positiven Gedanken und das Glücklichsein gezielt aufzubauen, zu erhöhen und zu steigern."

Ich wünsche Ihnen ganz viel Liebe, Glück und Freude in Ihrem Leben!

Leoni Herzig

Wenn Sie mehr über sich und persönliches Wachstum lernen möchten, dann besuchen Sie doch gerne meine Autorenseite auf Amazon.

(Leoni Herzig in die Amazon Suchmaske eingeben)

Haftungsausschluss und Impressum

Impressum
Autor: Leoni Herzig
vertreten durch:
Markus Kober
Kreuzerwasenstraße 1
71088 Holzgerlingen
markus.kkober@gmail.com

.

Quellenangabe:

https://selbstvertrauen-staerken.de/selbstbewusstsein-und-selbstvertrauen/

https://selbstvertrauen-staerken.de/3-tipps-selbstwert-aufbauen/

http://www.wellness-und-entspannung.de/content/geist_seele/index.php?cat=8&subcat=102&article=123

https://www.evidero.de/selbstwert-aufbauen-mit-uebungen

http://lexikon.stangl.eu/627/selbstwertgefuehl/

https://www.stern.de/panorama/wissen/mensch/seele---sexualitaet-selbstbewusstsein-3342306.html

https://www.zeitzuleben.de/persoenlichkeitsentwicklung/

https://www.selbstbewusstsein-staerken.net/persoenlichkeitsentwicklung/

https://de.wikipedia.org/wiki/Selbstbewusstsein

https://www.selbstbewusstsein-staerken.net/10-praktische-tipps-fuer-mehr-selbstbewusstsein/

https://www.selbstbewusstsein-staerken.net/positiv-denken-lernen

http://erzählmirmehr.com/2017/03/15/mentale-staerke-trainieren

https://www.sedariston.de/strategie/was-ist-innere-staerke/?utm_source=ga&utm_medium=cpc&utm_campaign=p18

https://www.psychotipps.com/Selbstvertrauen.html

https://erfolg-intuitiv.de/selbstbewusstsein/selbstbewusster-werden-selbstliebe-selbstachtung.html

https://www.selbstbewusstsein-staerken.net/uebungen/

https://www.selbstbewusstsein-staerken.net/disziplin-lernen/

https://wiki.yoga-vidya.de/Eigenliebe

https://sich-leben.com/eigenliebe-lernen/

https://www.flowfinder.de/persoenlichkeitsentwicklung/

https://www.lebeblog.de/selbstverwirklichung/

https://persoenlichkeitsentwicklung-und-erfolg.de/die-fuenf-stufen-der-persoenlichkeitsentwicklung

http://www.theintelligence.de/index.php/wissen/19087-wie-sie-durch-positives-denken-erfolgreich-sein-koennen.html

https://karrierebibel.de/destruktives-denken/

http://www.gluecklich-und-erfolgreich-werden.de/291/erfolg-durch-positives-denken/

https://www.ergotopia.de/blog/positives-denken

http://bernhard-wagner.coach/wie-sie-mit-positiv-denken-erfolgreich-werden

http://espiridon.com/wir-schaffen-das-wie-wir-durch-positives-denken-schneller-erfolgreich-werden-1228

http://www.erfolgsmotiv.de/erfolg/2014/06/14/erfolg-beginnt-im-kopf-3-notwendige-schritte-um-dein-mindset-auf-erfolg-umzuprogrammieren/

http://www.erfolgsmotiv.de/erfolg/2013/12/18/was-ist-vibe-wie-du-durch-positives-denken-dein-leben-veraendern-kannst/

https://karrierebibel.de/zuversicht/

https://www.ergotopia.de/blog/positives-denken

http://www.erfolgsmotiv.de/erfolg/2014/06/14/erfolg-beginn
t-im-kopf-3-notwendige-schritte-um-dein-mindset-auf-erfolg-
umzuprogrammieren/

http://www.erfolgsmotiv.de/erfolg/2013/12/18/was-ist-vibe-
wie-du-durch-positives-denken-dein-leben-veraendern-kannst
/

https://secret-wiki.de/blog/tipps-zum-gluecklichsein-wo-liegt-
das-geheimnis/

https://karrierebibel.de/glueck-gluecklich/

https://vistano.com/psychologie/positives-denken/alltaeglich
es-glueck-erlangen/

https://www.palverlag.de/lebenshilfe-abc/glueck.html

https://karrierebibel.de/gluecksfaktoren/

https://karrierebibel.de/dankbarkeit/

https://karrierebibel.de/phasen-gluecklichsein/

https://www.gluecksdetektiv.de/wie-wird-man-gluecklich-die-
ultimative-schritt-fuer-schritt-anleitung/

https://www.erschaffedichneu.de/werkzeugkiste/gluecklich-
werden-der-weg-zu-wahrem-glueck

https://www.gluecksphilosoph.org/2010/„glaube-an-dein-glu
ck-so-wirst-du-es-erlangen"/

Printed in Poland
by Amazon Fulfillment
Poland Sp. z o.o., Wrocław

53749149R00157